CARMEN ARDUÑA DOMINGO

ESPERANZA

CARMEN ARDUÑA DOMINGO

ESPERANZA

Prólogo
ALBERT PAINAUD

HUERGA & FIERRO editores

Diseño de Colección: Huerga y Fierro

Primera edición: 2024

C/Sebastián Herrera, 9
28012 Madrid-España
Telf.: 91 467 63 61
www.huergayfierro.com
huerga@huergayfierro.com

I.S.B.N.: 978-84-127949-1-5
Depósito Legal: M-223-2024
Impreso en Romadac Industria del Libro
Impreso en España/Printed and made in Spain

Prólogo

En este mundo difícil en el que vivimos, Carmen nos regala un poco de Esperanza. Y lo hace con el difícil pero hermoso soporte poético del soneto. A través de doscientos cuatro bellos sonetos endecasílabos con los que va desgranando retazos de una vida que, no por ingrata a veces, deja de ser necesariamente esperanzadora para así enfrentarnos al hecho, a pesar de todo hermoso, de vivir. Sus doscientos cuatro sonetos nos muestran todavía que la vida merece la pena de ser vivida con cierta dosis de alegría y un horizonte esperanzador.

Aristóteles definía a la esperanza como "el sueño del hombre despierto". Y es que, a lo largo de la Historia, gran parte de los pensadores han reconocido su valor e importancia. Nietzsche habla de ella como "el mayor estímulo vital" Dicen los que saben, que la vida es la búsqueda de la felicidad, pero la realidad es que son muchas las piedras que encontramos en el camino. Aunque siempre hay esperanza, siempre.

Y Tales de Mileto nos recuerda que "es el único bien que conservan las personas que lo han perdido todo". Sin embargo, no siempre ha recibido buenas palabras. Platón, consideraba a la esperanza como "una insensata consejera". Y por el mismo camino andaba Benjamín Franklin, que apuntaba que "el hombre que vive de esperanzas corre el riesgo de morirse de hambre". ¿De qué parte estáis?

Como decía Vaclav Havel, la esperanza no es la convicción de que algo saldrá bien, sino la certeza de que algo tiene sentido, salga como salga.

Esperanza viene de 'esperar', del latín sperare, *y es entendida como motor vital, como consuelo y como fuerza curativa. ¿En qué momento os agarráis vosotros a la esperanza? Como motor vital es una cualidad por la cual se nos presenta como posible aquello que deseamos, es el deseo firme de que aquello que queremos se puede conseguir. Así, cuando tenemos esperanza estamos en condición de luchar para conseguir nuestros objetivos y deseos.*

El verde es el color de la esperanza. Y esta no solo es una creencia popular. También en los escudos de armas, el verde que en heráldica recibe el nombre de sinople representa la esperanza, además de la fortaleza. La idea de que la esperanza es verde –que ya aparece mencionada en documentos medievales– tiene que ver con el mundo rural y la agricultura. En primavera, la esperanza viene marcada por las nuevas cosechas, que garantizan alimento y riqueza para los meses siguientes. Y los nuevos brotes siempre tiñen el campo de color verde.

En tiempos difíciles, como cuando perdemos a un ser querido o no encontramos trabajo, la esperanza nos visita para poder levantarnos y continuar hacia delante. Y es que, ésta es una gran compañera de viaje para soportar los reveses de la vida. Incluso, el mundo científico considera que la esperanza ejerce también como fuerza curativa e influye en nuestra salud. Ser positivos para enfrentarnos a una enfermedad puede ayudar a paliarla, por ejemplo. Sin duda, las 'ganas de vivir' prolongan increíblemente la vida en algunos pacientes. Por eso, jamás se debe perder la esperanza.

Pero lo que nos interesa es la esperanza que nos da Carmen desde sus pensamientos, desde su mundo y que nos transmite y nos deleita con estos doscientos cuatro sonetos. Dejémonos llevar por la esperanza, razonable, vista por Carmen, en estos tiempos convulsos donde la esperanza es tan necesaria después de su personal camino por la huida y la espera.

Albert Painaud

A mi hermano siempre,
a Albert mi compañero y marido
y a quien mantiene viva mi esperanza

ESPERANZA

La esperanza le pertenece a la vida,
es la vida misma defendiéndose

JULIO CORTÁZAR

En algún lugar se perdió esa esperanza
y no quedaba lugar en esta vida
para evitara al fin aquella huida
que se llevó toda la confianza;

ahora es tiempo de pagar la fianza
para recuperar esa llama encendida
que se había dado por perdida
y que el amor ya casi nunca alcanza.

Que ya pasó el tiempo de aquella alegría
y empezó aquella triste tristeza
en un mundo doliente y dolorido

donde la puerta ya jamás se abría
porque era prisionera de aquella pereza
y de un amor ya por siempre herido.

La esperanza comenzó su huida
cuando el sol estaba ya en oriente
y el agua del mar demasiado caliente
para iniciar así una nueva vida.

Ahora queda ya casi perdida
un ansia de placer todavía presente
y que vuelve a traer casi de repente
la espera de un amor que hoy está escondida;

hoy sólo queda un querer doliente
y ese dolor que deja la ausencia
cuando todo se da por olvidado

y aquel recuerdo de un amor reciente
que por siempre ocultó la presencia
de aquel deseo siempre tan deseado.

Aquel día lejano la esperanza
se marchó para siempre de esta vida
sin dejar ya ni rastro de una huida
que consigo arrastró la confianza;

y ahora el filo ardiente de una lanza
atraviesa esa dolorosa herida
que nos trajo otra vez la consabida
espera de un placer que nunca alcanza.

Porque llegó con esa noche oscura
aquel dolor constante y permanente
que para siempre se instaló en el alma

sin que pudiera una mano segura
sosegar el pesar que aquella mente
que otro nuevo amor tampoco calma.

Por occidente se perdió esa esperanza
un día cuando el sol se ocultaba
y aquí ya casi nadie esperaba
recuperar algo de confianza;

que aquel amor no pagó fianza
por una alegría que ya no estaba
y por un aire donde aún respiraba
lo poco que quedaba de templanza.

Hoy todo vuelve a cruel tortura
donde el dolor acaba con la vida
y sin dejar ya ninguna marca

porque en esta noche gris y tan oscura
hasta el rastro borró de aquella huida
con la que a veces el pesar aparca.

La esperanza ahora es un triste sueño
que un día no lejano se quedó sin vida
y de repente encontró aquella herida
que parecía no tener ya dueño;

ahora quedan los restos de ese ensueño
que ya maltrata un alma malherida
y busca sin remedio la salida
para huir aquel amor tan tacaño.

Que aún busca aquella triste alegría
que tienen los domingos por la tarde
cuando todo se da ya por perdido

esperando al fin que otro nuevo día
trajera ya ese fuego que todavía arde
y ese horizonte que hoy está escondido.

Esperar que ya llegue un nuevo día
que traiga al fin un poco de reposo
para que siempre se lleve el acoso
de un amor que hoy es sólo osadía;

cuándo al fin llegará esa alegría
en brazos de un querer hermoso
que derrote por fin al poderoso
enemigo que la vida ahora guía.

pero vuelve de nuevo la tristeza,
ese placer que se dio por perdido
y que ya nunca vuelva nuevamente

aquel resto de enorme pereza;
tampoco aquel placer que hoy es olvido
en el fondo profundo de la mente.

Y así acabar ya con esa pereza,
con un amor que hoy está perdido
porque huyó temprano y siempre de repente.

La esperanza llega siempre tarde,
desolada triste y tan abatida
que no puede el esfuerzo de la vida
apagar ese fuego en el que arde;

ya sólo queda un amor cobarde,
otra nueva jornada ya perdida
y ese rencor que ya jamás olvida
que a veces el querer es puro alarde.

Ahora queda esperar que un mañana
la existencia recobre esa alegría
y aquel amor hoy ya casi perdido;

y que nunca gane aquella desgana
que ya de noche apareció ese día
cuando el placer aún estaba dormido.

Largo tiempo esperó la esperanza
que amaneciera pronto el nuevo día
y llenara ya por fin de alegría
este mundo de desesperanza;

pero el amor ya ni siquiera alcanza
a calentar esta mañana fría
que en silencio siempre desafía
la llegada de una nueva confianza.

Hoy la vida se tiñe de tristeza
por ese amor que quedó abandonado
y sin que nadie ya lo reclamara;

que había demasiada pereza
para volver a aquel placer amado
que abandonado quedó encima de un ara.

En algún lugar se escondió la esperanza
a salvo de los últimos amores
que dieron paso a nuevos temores
y que la cura de otro amor no alcanza;

todo queda en un dolor sin fianza,
en un triste paseo entre las flores
esperando no haya más albores
que todo llenen de desconfianza.

Queda todavía un poco de alegría,
un deseo que hoy está dormido
y la creencia de que en otra vida

alguien habrá que la puerta abría
para librar un placer escondido
en un alma que ahora está abatida.

Huyó aquella esperanza abandonada
cuando el día apenas comenzaba
y el nuevo amor ya jamás alcanzaba
el amable refugio de tu almohada

en una noche triste y desolada
en la que ya nunca ni jamás terminaba
aquella huida que sólo esperaba
ser una pena por siempre aplazada.

Ahora todo es un dolor que hiere
con el filo cortante de esa lanza
que alguien clavó en profundo pecho

sin que nadie al final detuviere
ese dolor que ya todo lo alcanza
en este mundo hostil y tan deshecho.

En qué lugar se ocultó la esperanza
para darla ya siempre por perdida
alumbrando tan sólo esa sentida
triste existencia de desesperanza;

y por qué aquel amor no alcanza
a llenar de alegría aquella vida
que hoy es tan solo una triste huida
de dolor pena y destemplanza.

Hoy todo vuelve a otro triste sueño,
a un amor que ahora está ya huido
en un sitio oscuro y tan lejano

que nunca podrá otro nuevo dueño
apropiarse de ese afán perdido
ni olvidar aquel placer cercano.

A la esperanza siempre le incomoda
saberse en un lugar casi perdido
del que el amor había ya huido
buscando un senda casi arrinconada;

de lo mucho que amó no queda casi nada
porque el placer está ya ahora escondido
entre las pajas de aquel triste nido
con las que quiso hacerse una almohada.

Ahora la ausencia es la compañía
en este caminar hacia la huida
donde no hay descanso ni reposo

porque todo se esfumó aquel día
en que pareció no había ya vida
y en la que el amor era un triste acoso.

En algún sitio se escondió la esperanza
para huir de esos viejos amores
que ahora son solamente temores
arrebatando toda confianza.

Con el tiempo acabó esa fianza
que alguien dio para evitar dolores
y vestir otro mundo de colores
donde nunca cupiera la venganza.

Ahora queda un dolor creciente,
lo poco que restaba de alegría
y un corazón triste y malherido

que no encuentra un lecho caliente
ni tampoco ese amor que acogía
cuánto hoy se da ya por siempre perdido.

A la esperanza le atravesó un cuchillo
y se quedó muy rota y mal malherida
sabiendo que no tenía ya salida
aquel amor de cuando era chiquillo;

ahora no queda ni el canto de un grillo
que devuelva esa canción perdida
y aleje para siempre aquella huida
Que no dejó ni color ni más brillo.

Todo se vuelve triste de repente
en este purgatorio de la vida
donde el placer ni existe ni aparece

porque la pena es un dolor creciente
en esta existencia ya casi perdida
donde hasta el viejo amor desaparece.

Qué dolorosa fue aquella huida
dejando un corazón tan desolado
y marchito ese cuerpo ya cansado
sin el consuelo de una nueva vida;

pues no hay nadie que al fin cure la herida
para aliviar este amor abandonado
sin esperanza de que al otro lado
se encuentre al fin la felicidad perdida.

Por marcharse se fue hasta la esperanza
a algún lugar lejano y escondido
y lejos de un placer tan deseado

que se buscaba sin mayor confianza
en ese corazón que aún afligido
obligado estaba a pagar fianza.

Huyó el amor y no queda esperanza
de que vuelva de nuevo a aquella vida
que hace tiempo se quedó perdida
y perdido ya toda confianza;

ahora la vida paga esa fianza
que nunca emprende ya aquella huida
que en algún lugar se quedó dormida
atravesada por aquella lanza

que dejó el corazón tan malherido.
Sólo queda ahora esperar que algún día
vuelva de nuevo algo de templanza

y que aquel amor que fue tan querido
vuelva otra vez pleno de alegría
y sin ningún atisbo de desconfianza.

Cómo esperar aquel placer perdido
en un tiempo lejano y ya pasado
cuando hasta el amor había terminado
y la esperanza había ya huido;

ya no quedaba de lo más querido
sino un recuerdo triste y apagado
que jamás había ya encontrado
aquel placer que ahora se había ido.

Ahora quedan el dolor y la huida
en este mundo amargo que de día
esperaba que otra nueva mañana

alumbrara por fin la nueva vida
donde sólo reinara la alegría
y por fin se alejara la desgana.

Un día más de separación y espera,
de búsqueda de aquel amor perdido,
De que aquel placer que hoy está escondido
retorne nuevamente a lo que era;

aunque la esperanza ya se desespera
al ver que hasta el placer ha huido
y sólo queda triste y malherido
un recuerdo perdido en primavera.

Vuelve otra vez el calor del estío,
que no suaviza el frescor de la mañana
aunque amanezca a hora muy temprana;

sólo cabe esperar que llegue el frío
que se lleve por fin tanta desgana
en el amanecer de la mañana.

Aguardando y no llega la esperanza
que ponga fin a tanto desvarío
ni que encauce las aguas de aquel río
que sólo siembra más desesperanza;

pero la vida casi nunca alcanza
a transformar ese calor en frío
ni a enfrentarse a aquel desafío
con algo más que un poco de templanza.

Llegó la hora aunque fuera tarde
de encontrar ese amor ya sereno
que devuelva un poco de alegría

y que lo haga sin ningún alarde
alejando por fin ese veneno
que le ofrecieron en ese oscuro día.

La esperanza emprendió pronto su huida
tan apenas se despertaba el día
y en aquel triste corazón no había
nadie que se ocupara de su vida;

que hasta el amor ahora se descuida
para traer de nuevo esa alegría
que hasta ahora su alma aún tenía
pero que hoy está ausente y abatida.

Sólo queda esperar que nuevamente
vuelva otra vez un poco de reposo
para calmar su profunda tristeza

y ese consuelo que busca esta mente
sometida al más penoso acoso
y a un montón terrible de pereza.

La espera duerme en un lugar lejano
a donde no llega ni la luz del día
pues hace tiempo el sol se escondía
en un atardecer triste y temprano;

ahora sopla un viento solano
que trae el fin un poco de alegría
a este corazón que ya se afligía
con esa racha de viento solano.

Hoy todo vuelve a esa triste vida
que abandonó a aquel ser tan amado
cuando la noche estaba empezando

y que pronto emprendió aquella huida
hacia un lugar extraño y lejano
donde el amor se estaba ya acabando.

Muy pronto llegó la desesperanza
tan apenas despertaba el día
y por delante se llevó esa alegría
que hasta ayer era toda su esperanza;

ahora el amor ni siquiera alcanza
a calmar por fin aquella agonía
que en su triste lecho ya sólo acogía
ese corazón que atravesó una lanza.

Sólo queda esperar que aquella huida
tranquilice este corazón herido
que nos dejó aquella maldita suerte

y que vuelva el despertar de esa vida
de la mano de un placer tan querido
que acaricia hasta cuando aún arde.

Porqué la esperanza siempre llega tarde
para al fin alegrar esta triste vida
y alejar ya por siempre aquella huida
de un corazón apagado y cobarde;

cuándo se apagará ese fue que aún arde
y retornará aquella tan querida
ilusión que hoy se encuentra perdida
y no halla un pecho que al fin la resguarde.

Todo vuelve a ser dolor y olvido,
una tristeza que atormenta el alma
y una vida que no encuentra reposo

porque aquel corazón hoy ya perdido
en su loca huida perdió hasta la calma
y no tiene fuerzas para un nuevo acoso.

Se siente la esperanza acorralada
cuando a su alrededor sólo existe huida
y en este eterno infinito de la vida
aólo queda una ilusión truncada;

que se apagó esa luz alumbrada,
que iluminaba aquella tan querida
ilusión que hoy estaba ya perdida
en una calle medio abandonada.

Hoy todo vuelve a un amor olvidado,
a una existencia triste y aburrida
y a una existencia triste y aburrida

que sólo queda ese afán perdido,
un resto de amor ya casi cansado
y a este vivir que perdió su partida.

La esperanza se marchó lentamente
una mañana tranquila y soleada
cuando sólo quedaba abandonada
aquella lucidez que tuvo la mente;

y apareció sosegada nuevamente
esa ilusión largo tiempo esperada
que aún estando de nuevo agazapada
volvía nuevamente y de repente.

Queda esperar que otra nueva vida
traiga al fin un poco de ese reposo
que pedía este alma cansada

y por siempre huyera ya esa huida
yoy convertida en un nuevo acoso
en esta tiste vida ya casi agotada.

Emprendió la esperanza ya su huida
un día triste, amargo y doloroso
cuando la existencia era duro acoso
que acorralaba el comienzo de esa vida

que secuestraba una espera perdida
para conseguir ese amor hermoso
que libre ya del tremendo acoso
encontrara una nueva acogida.

Hoy todo vuelve a un dolor conocido,
a esa existencia casi sin retorno
y a una espera que no tiene día

porque todo se da por olvidado
en ese cruel y despiadado entorno
donde jamás reinara la alegría.

Muy pronto llegó la desesperanza
tan apenas se levantaba el día
y por delante se llevó esa alegría
que aquel triste corazón no alcanza;

se perdió también la confianza
y ahora quedaba un dolor que afligía
para dar paso a una triste agonía
transformada en cruel venganza.

Queda esperar que un poco de esperanza
traiga por fin ese amor que aún creía
que por fin llegara un feliz retorno

donde por fin sin pagar ya fianza
encontrara ya cuando amanecía
el suave calor de un humilde horno.

Ya la esperanza nunca respondía
a esa llamada triste y desolada
que siempre respondía ya agotada
en el inicio de otro nuevo día;

la furia del dolor aún persistía
en esta vida que estaba ya cansada
y en el camino dejaba olvidada
lo poco que quedaba de alegría.

Ahora queda un amor olvidado,
un dolor que rompe ya esa vida
cuando apenas ahora comenzaba

y tenía que tener un gran cuidado
para cerrar la puerta de esa huida
que su salida casi siempre cerraba.

Y ese dulce placer que sin pagar fianza
al final del camino ya por fin traería
el calor amable de un nuevo horno que ardía
y un mundo pleno de una gran confianza;

entretanto esperaba la esperanza
otra ocasión mostrándose tardía
y aquel mundo donde un lejano día
traía ese amor que nunca amordaza.

Ahora la dicha emprendió su huida
hacia ese lugar aún desconocido
donde el amor ya estaba dormido,

inmerso en una nueva caída,
en un dolor de sobras conocido
y que jamás daría por perdido.

Un triste sol esperaba su salida
pero apenas si hallaba aún presente,
en su tan triste caminar doliente
el camino hacia una nueva vida;

pues lo frecuente era hallar la huida
con esa persistencia tan latente
que nunca se llevaba por delante
ese amor que no encuentra su salida.

Todo se vuelve triste de repente,
en una existencia ya casi desnuda
y un amor que ayer huyó perdido

porque se sentía solo y ausente
en esta vida que apenas si anuda
aquel dulce placer que hoy está ya huido.

Lentamente esperando huye la vida
por un camino lejano y ya sin flores
en donde se perdieron los amores
cuando el amor emprendió su huida;

esta mañana ya nada convida
a olvidarse de esos viejos temores
que olvidaron antiguos dolores
en esta existencia ya tan afligida.

Ya sólo queda que la esperanza asome
desde aquel lugar oscuro y sereno
que aguarda que por fin un día

el dolor para siempre se desplome
en un espacio triste y tan ajeno
que sólo quepa esperar la alegría.

Hoy todo vuelve al dolor de esa huida
que dejó un alma casi destrozada
y un corazón triste y malherido
que apenas sobrevive en esta vida

llena de pena y casi dormida
en este mundo que hoy está perdido.
Y en donde ese deseo tan querido
tan sólo espera encontrar su salida.

Pero huyó para siempre esa alegría
ue adornaba los días de esperanza
y por fin de amor esos días de antaño

a los que casi siempre aún acudía,
Aún lleno de ilusión de añoranza,
ese recuerdo de hace casi un año.

Huyó la esperanza un cercano día
cuando en silencio discurría la vida
y sólo quedaba después de su huida
apenas una brizna de alegría;

ahora hasta el amor triste se afligía
al ver esa existencia tan querida
apagada como luz encendida
sin el amor que hasta ayer sentía.

Ya sólo queda un triste pensamiento,
el recuerdo de un placer ya perdido
que produce un dolor constante

porque se muere hasta el sentimiento
en este corazón ya tan afligido
que su salvación busca en este instante.

A veces la esperanza está como perdida,
ausente, alejada y sin destino
pues perdió para siempre su camino
y se encontró en un callejón sin salida;

se marchó tristemente arrepentida
para cambiar el ritmo de su sino
pero sólo encontró aquel cansino
insoportable ritmo de la vida.

Ahora le queda una larga tortura,
lo que resta de aquel amor huido
que nunca encontrará ya su salida

en esta larga noche tan oscura,
ni un nuevo amanecer oscurecido
sino tan solo y el camino de otra huida.

En dónde la esperanza se oculta ahora
cuando la vida se da por perdida
y sólo queda una triste amanecida
que casi siempre llega a su hora;

el brillo del amor hoy se desdora
en lo que es tan sólo una triste vida,
un alma dolorosa y afligida
que solamente el descanso añora.

Hoy renace un afán ya perdido,
el rostro amargo que tiene la huida
y aquel amor apenas ya olvidado;

un corazón por siempre afligido,
esta espera pronto ya desfallecida
y aquel placer casi abandonado.

Es la esperanza el final de un camino,
un deseo por siempre aplazado
y aquel amor que siempre fue amado
aunque a veces lo negara el destino;

igual que un indescifrable pergamino,
aquel placer un día ya agotado
y un destino que fue abandonado
al llegar al final de su término.

Hoy todo suena a cruel venganza,
al inicio de otra una nueva huida
que encuentre la senda del olvido

deprisa y ya sin ninguna tardanza
porque el triste discurrir de la vida
solamente encuentra un corazón herido.

La esperanza se quedó en el olvido
a pesar de que el sol amanecía
y ningún amor ahora ya podía
retomar aquel placer dormido;

esa espera de amor ya se había ido
cuando apenas comenzaba el día
buscando ya por fin esa alegría
que hace mucho tiempo había ya huido.

Hoy sólo queda esa amarga espera
que un cercano día emprendió su huída
para refugiarse en un lugar cercano

esperando que ya la primavera
devuelva al fin a esta triste vida
aquel placer que hoy es tan lejano.

Atravesó el puñal aquella herida
en un triste corazón ya perdido
del que la esperanza había huido
a la búsqueda de una nueva vida;

pero de sangre quedó ya vestida
ese pecho que ahora tan dolorido
no encontraba ese amigo escondido
que cerrara la puerta de su huida.

Hoy todo vuelve a una triste añoranza,
a ese angustiado amor que malherido
no encuentra ya ese nuevo retorno

en el que al fin se halle la esperanza
de encontrar ese placer perdido
en las calientes brasas de otro horno.

No conoce la esperanza reposo
en ese mundo hostil que es ya vida
quien tampoco le ofrece una salida
para huir de aquel su triste acoso;

en aquel camino tan escabroso
donde se alojaba la penosa huida
y también esa ilusión perdida
de derrotar al fin al poderoso.

Ahora todo se llena de tristeza,
de ese dolor que asalta ya sin freno
y que va matando lentamente

mientras se agranda aquella pereza,
o es deseo cada vez más ajeno
que poco a poco maltrata la mente.

Pena se vuelve todo de repente
sin la esperanza de una nueva vida
que traiga al fin aquella tan querida
tranquilidad a esta triste mente;

pero ya sólo queda el dolor constante
que produce esa profunda herida
y el sabor amargo de una nueva huida
que ya por siempre estará presente.

Hoy todo vuelve a un dolor conocido,
a la tristeza que dejó esa ausencia
en una existencia casi destruida

por un amor ya casi perdido
que aún añora que una feliz presencia
devuelva esa ternura hoy escondida.

Puso la esperanza en aquella huida
el remedio para todos sus amores
pero sólo encontró aquellos temores
que amargaron más esta triste vida;

ahora queda una ilusión perdida,
un viejo corazón lleno de dolores,
un jardín vacío ya sin flores
y un alma triste y siempre desvalida.

Hoy se ha perdido aquella hermosura
de las mañanas cuando empieza el día
y la noche no es más que un olvido

que aún pretende con otra conjura
devolvernos al fin esa alegría
y aquel amor ahora casi perdido.

Enseguida huyó la esperanza ese día
y en una tarde donde la ventura
había dado paso a aquella ardura
que no dejaba paso a la alegría;

mientras un triste corazón acogía
lo poco que aún quedaba de hermosura
en un noche fría y tan oscura
que aquel viento solano ahora abatía.

Hoy es tiempo de dolor y tristeza,
de esperar que alguna vez la vida
traiga ya por fin ese dulce reposo

que un día nos robó la pereza
dejándonos un alma que afligida
se enfrentaba al más duro acoso.

Al amigo Emilio Lacambra

Silencioso te fuiste amigo querido
y nos dejaste en la mayor tristeza
ausente eternamente la dulceza
que contigo por siempre había huido;

ahora queda triste y medio dormido
ese dolor metido en la cabeza
y que hoy tiene esa terrible pereza
para encontrar al fin tu amor perdido.

Hoy nos queda Emilio el dolor de tu ausencia,
una pena que destroza el alma
y un ánimo triste y siempre abatido;

el seguir viviendo ya sin tu presencia
en un mar que no conoce la calma
y deja el corazón roto y herido.

Cuándo la esperanza había ya huido
por un camino extraño y lejano
que siempre se llevaba de su mano
aquel amor triste y malherido;

dónde encontrar ese placer perdido,
aquel deseo que huyó tan temprano
a pesar del querer en que me afano
con este amor que hoy está ya huido.

Hoy todo es una espera infinita,
lo poco que aún quedaba de alegría
para seguir amor seguir viviendo,

a pesar de aquella huida contrita
que tan sólo dejó otro nuevo día
en un corazón que hoy se está muriendo.

Esa esperanza siempre temerosa
no encuentra nunca el final del camino
ni tampoco la senda de un destino
que huyó de una vida silenciosa;

ahora todo sirve para cualquier cosa
aunque ya sea una flor de espino
que en ese caminar de peregrino
encontró al fin la senda milagrosa.

dónde buscar ahora ese amor perdido,
lo que queda después de aquella vida
que se murió en manos de un amigo

que una mañana había ya huido
mientras el alma estaba escondida
al ver llegar al terrible enemigo.

Acabó la esperanza en un terrible día
cuando aquel sol apenas despertaba
y esta triste vida todavía esperaba
encontrar siquiera un poco de alegría;

pero el cobarde amor asustado huía
de ese lugar donde se cobijaba
aquel placer que por la noche estaba
en el lugar donde siempre acudía.

Ahora queda un placer siempre perdido
que sólo encuentra la senda de su huída
y un corazón que siempre apenado

aún busca que no sea ya el olvido
lo que se instale en su triste vida
consiguiendo ese afán hoy abandonado.

Es la esperanza un recuerdo olvidado
en esta vida triste y aturdida
donde apenas quedaba aquella huida
buscando aquel amor desengañado;

ahora todo vuelve a un deseo apagado
que no ilumina esta penosa vida
ni tampoco aquella tan querida
luz que alumbre lo que está ensombrado.

Queda lo por vivir y aquella huida
que un día se llevó todo por delante
sin aguardar que quizá mañana

amanezca por fin aquella vida
que devuelva el placer y no atormente
aquel amor que huyó a hora temprana.

Si la esperanza alguna vez pudiera
devolverle al mudo su alegría
habría por fin llegado ese día
de amor que el corazón quisiera;

liberando ese alma prisionera
del dolor y de aquella agonía
que en su seno ya jamás acogía
el recuerdo de aquella primavera.

Hoy todo vuelve a un triste sentimiento,
a ese penar que no encuentra salida
para un querer que hoy está prisionero

de aquel siempre amargo pensamiento
que nunca encuentra el camino de la huída
de aquel mor que un día fue el primero.

Cuando la esperanza había ya huido
por un camino extraño y lejano
que por siempre llevaba de su mano
aquel amor triste y malherido;

hoy se añora aquel placer perdido,
ese recuerdo que hoy resulta en vano
y siempre llega demasiado temprano
para encontrar un placer que se ido.

Hoy todo vuelve a ese cruel pasado
donde el amor quedaba olvidado
formando parte de esta amarga vida

donde el querer se da por descontado,
el deseo como algo ya pasado
y la existencia como triste huida.

Esperar aquel amor ya olvidado
que se perdió en una triste huída
cuando apenas si podía la vida
retener un placer ya agotado

que una oscura noche quedó arrinconado
cuando la esperanza estaba dormida
y quedaba triste y conmovida
aquel vivir hoy casi olvidado.

Queda aguardar que tal vez un día
regrese aquel amor que está huido
en algún lugar oscuro y lejano

y vuelva esa felicidad tardía
a este corazón que sigue herido
por una racha de viento solano.

Huyó la esperanza sin ningún destino
en donde ya poder cobijar el alma
y encontrarse por fin con esa calma
aunque fuera al borde del camino;

pero sólo encontró aquella flor de espino
que con su púa el dolor inflama
y a la que en vano siempre se reclama
que cambie es doloroso destino.

Hoy todo vuelve a esta triste vida
que jamás ofrece alguna alegría
ni su reposo a un corazón herido

sino tan solamente aquella huida
que aquel triste amor nunca quería
pues se sentía triste y ya abatido.

Aún esperaba aquel corazón herido
que retornara un poco esa alegría
perdida en aquel ya lejano día
cuando el amor ya se había ido,

que por perderse se había perdido
esa esperanza que siempre se abría
para entregar todo el que podía
encontrar en un corazón hoy herido.

Ahora queda aguardar que una nueva vida
traiga por fin un poco de reposo,
algún amanecer muy luminoso;

a ser posible ninguna otra huida
y que cese por fin aquel acoso
contra un placer que siempre fue hermoso.

Y porqué la esperanza sólo mira
el lado más hermoso de la vida
olvidando que hay también huida
a la que nadie en su existencia admira;

cómo se puede vivir con tanta ira
esperando que aquella malquerida
se quede en una ruta escondida
a la que el sol ni tan siquiera mira.

Hoy sólo queda un triste camino
que se recorre en solamente un día,
Y un regreso triste y aburrido;

el recuerdo de aquel peregrino
que hace tiempo perdió su alegría
pues caminaba ya medio aturdido.

Emprendió la esperanza su huida
en una tarde larga y calurosa
y nos dejó como cualquier cosa
el triste transcurrir de la vida;

quedaba una añoranza ya perdida
en una noche negra y misteriosa
que se convertiría en una losa
aplastando esa ilusión dormida.

Todo queda ahora en manos de un destino
del que no se sabe el recorrido
ni si va a llegar alguna parte

porque al final de ese largo camino
ya sólo quedará un amor huido
y esos restos de lo que fue amarte.

Huyó la esperanza una tarde
cuando el sol apenas ya alumbraba
en esta vida tan sólo quedaba
ese tan triste corazón cobarde

y aquel alma donde todavía arde
esa llama que nunca se apagaba
cuando el amor solícito llegaba
sin obstáculo alguno que lo guarde.

Hoy sólo queda un nicho vacío,
ese dolor que no encuentra huída,
un alma triste y ahora tan desolada

que se está muriendo en medio de aquel frío
mientras se espera que aún haya otra vida
que traiga esa felicidad hoy ya agotada.

Se escapó la esperanza aquel día
mientras el sol todavía alumbraba
y esa nueva vida ya no estaba
para encontrar un poco de alegría;

porque un triste dolor siempre acogía,
en aquella tarde que casi se escapaba,
esa felicidad que nunca acaba
por mucho que el amor así quería.

Hoy todo vuelve a un pesar conocido,
a un dolerse sin final programado,
y a un desamor que mata hasta la vida

porque de ese corazón ahora huido
sólo queda un placer que está agotado
y el terrible camino de la huida.

Buscar sin encontrar por fin salida
a aquel amor que hoy está casi perdido
porque la esperanza al fin ya huido
de lo que resta de esta triste vida,

en la que sólo la sobrevive la huida
de aquel querer que ahora está ya escondido
en algún lugar hostil y recluido
donde el alma sobrevive afligida.

Ahora sólo queda la desventura,
aquel placer que se marchó temprano
una noche que olvidó su sueño

y un pequeño resto de aquella aventura
que se perdió en un día ahora lejano
y busca aquel querer que no tiene dueño.

Esperar un futuro venturoso
donde reine tan solo la alegría
y amanezca ya por fin ese día
que arrastre éste pesar doloroso;

saber que ese placer tan misterioso
será ese lecho que antes acogía
aquel amor que hoy tan sólo afligía
y avanzaba con paso tembloroso.

Mañana quizá vuelva tu presencia,
ese dolor que machaca hasta el alma
y una tristeza que jamás se acaba;

ese pesar que al fin dejó tu ausencia,
aquel vivir que no conoce la calma
y ese dolor que hasta al alma socaba.

Aún esperaba que esa nueva huida
llevara a un mundo de mayor alegría
y llegara finalmente aquel día
que el nuevo amanecer casi siempre descuida;

y es que el dolor forma parte de una vida
que tan sólo conoce la agonía
porque nunca el sol cuando amanecía
acercaba esa existencia perdida.

Hoy la esperanza ya se ha esfumado
dejando solamente un amor herido
y aquella vida triste y aburrida

en la que ya solamente ha quedado
los restos de un placer olvidado
en esta existencia ya casi perdida.

Creer que la esperanza traerá un día
el recuerdo de ese amor perdido
y de aquel corazón ahora ya herido
que ahora vive en la mayor agonía;

porque nadie la puerta del placer abría
a aquel placer que hoy parece dormido
entre la niebla apenas escondido
y en aquel dolor que siempre lo acogía.

Ahora queda el camino de la huida,
un desamor que nos destroza el alma
y ese recuerdo que hoy está dormido;

esa pereza que siempre trae la vida,
un futuro que no conoce la calma
porque el deseo de vivir se ha ido.

Cuando la esperanza se convierte en olvido
y el amor es tan sólo una quimera
todo será lo que ayer antes era
en ese corazón que ahora está herido;

tan sólo quedará ese amor huido
que un día fue intenso en primavera
y que ahora es una triste espera
donde aguarda aquel placer perdido.

Sólo queda que llegue al fin un día
donde encontrar el amor de esa vida
que un día se perdió por el camino

y que vuelva un pasado que escondía
el rastro insoportable de una huida
que forma siempre parte del destino.

Se esfumó la esperanza y sólo quedaba
los tristes restos de ese amor perdido
un deseo de amar hoy escondido
y un deseo que siempre se escapaba;

ahora el vivir ya sólo esperaba
que el futuro cambiara su destino,
sufrir el rumbo de aquel triste sino
y conseguir lo que no se alcanzaba.

Mas todo vuelve a un punto de partida
que no tendrá jamás ningún futuro
porque la existencia se quedó dormida

y ahora sólo conoce el camino de huida
por un lugar tan triste y tan oscuro
que amenaza por siempre hasta la vida.

Sólo queda que llegue al fin un día
donde no exista un querer escondido
ni aquel amor se dé ya por perdido
porque nunca alcanzó lo que quería;

mas de repente se agosta la alegría,
aquel placer por siempre tan querido
y queda solamente ya el olvido
de aquel querer que ahora ya se moría.

Y para siempre huyó aquella ventura,
aquella esperanza que estaba perdida
en algún lugar que al estar lejano

sólo nos traía aún más desventura
y mostraba el camino de esa huida
que esperaba siempre en un sitio cercano.

Huyó la esperanza por aquel camino
cuando todo era dolor y olvido
y todavía buscaba ese querido
refugio para un corazón cansino;

aún esperaba que hacia otro destino
caminara ese amor hoy desvalido
que nunca más daría por perdido
aquel querer aunque fuera dañino.

Hoy todo vuelve a esa triste desventura
que tienen los domingos por la tarde
cuando la vida no encuentra salida

para encontrar de nuevo esa ventura
donde el amor tristemente ahora arde
a la espera de una nueva vida.

Es la esperanza como aquella huida
que emprende aquel amor ya abandonado
y sólo busca triste y desolado
la llegada de una nueva vida

en la que esa existencia que fue tan querida
recupere ese placer hoy olvidado
y vuelva nuevamente al deseado
querer que no dejó ninguna herida.

Hoy todo se convierte en desafío
en esta existencia triste y desvalida
donde el placer no encuentra ese destino

que lo saque por fin ya de ese frío
que tiene el alma cuando está dormida
y sólo sueña con una flor de espino.

Sin ruido y silenciosa se escapó la huida
mientras la esperanza seguía aún ausente
y ya quedaba tan sólo presente
el dolor de aquella triste vida;

hasta la existencia se dio por perdida
en un amor que ahora ya nunca siente
mas que un dolor cada vez más creciente
en un algún lugar ya sin salida.

Hoy todo torna a un dolor conocido,
a una existencia que no tiene futuro
pero que aún busca triste y aterida

a un amor que hoy está perdido
en algún paraje lejano y oscuro
donde se alojó ese alma hoy dormida.

Huyó la esperanza aquel triste día
cuando el sol se ponía en occidente
y aún buscaba un lugar caliente
para un amor que fue todo alegría;

pero esta vida apenas parecía
una noche llegada de repente
para albergar aquel placer reciente
que con temor ahora se escondía.

Ahora queda tan solo un amor perdido,
lo poco que aún guardaba la vida
y un recuerdo triste y olvidado;

ese dolor apenas escondido,
alguna huella que dejó la huida
en un lugar oscuro y resguardado.

Aún buscaba la esperanza su huida
y así poder sentirse ya desengañada
pero sólo encontraba esa desganada
tristeza que nos ofrecía la vida

que solícita y siempre querida,
aún esperaba en el sol de la mañana
ese reposo que a una hora temprana
aún aguarda esa existencia perdida.

Ahora queda un amor que ya huido,
la lejanía de su dulce regreso
en un vivir que es ya sólo tormento;

aquel placer hasta ayer tan querido
que hoy solamente esta está en retroceso
y que se marcha siempre y al momento

A dónde huyó esa esperanza perdida
que aliviaba las noches y los días
y se llevó consigo esas alegrías
que aún podía ofrecer esta vida;

y porqué sólo quedó esa huida
después de aquel amor que retenías
y aquel placer que tu siempre querías
que fuera de volver, nunca de ida.

quedará solamente un amor olvidado.
lo poco que quedaba de feliz existencia
y una tristeza que marca el futuro;

un vivir doliente siempre recordado,
un porvenir que es tan sólo ausencia
y un triste mundo que siempre está oscuro.

Olvidó la esperanza ese camino
para un día poder volver a casa
y tan sólo quedaba esa escasa
probabilidad de cambiar el destino

en aquel mar que era azul marino;
donde la ocasión casi siempre fracasa
pues el tiempo de amar ya se retrasa
y lo que encuentra es una flor de espino.

Hoy sólo queda la tristeza de esa tarde
que nunca quiere emprender su huida
para así liberar un corazón dolido

que sin compasión todavía arde
en este purgatorio que es la vida
donde el amor por siempre se ha perdido.

Se perdió la esperanza una mañana
sin saber cómo había sucedido
y se quedó un corazón perdido
en ese amor lleno de galbana;

ahora la vida era una desgana
que tan sólo esperaba ese latido
de aquel amor ahora ya perdido
que de vivir hasta perdió su gana

pues de momento quedó abandonado
y aún así siguió ya sin ningún remedio
ese vivir ahora casi perdido

y que quedó por fuerza terminado
al iniciarse ese triste asedio
frente a un placer que ahora está escondido.

Se marchó la esperanza aquel día
y no quedó ni rastro de su paso
tan sólo aquel recuerdo que si acaso
traería al fin un poco de alegría

a esta mañana de demasiado fría
que volvería, si llegaba el caso,
a devolver ese amor hoy escaso
que de momento ya nadie quería.

Vuelve otra vez ese triste destino,
un mundo infinito de dolor y espera
y la puerta abierta a una nueva huida;

aquel amor que ahora es tan dañino
en lo que antes era dulce primavera
y hoy tan sólo un sufrir en esta vida.

No conoce la esperanza la huida
y del amor hoy le queda sólo olvido
y aquel querer que se dio ya perdido
apenas se estrenaba ya la vida;

ahora el placer apenas olvida
que antaño fue un querer ahora ya huido
y se llevó aquello tan querido
en una existencia ya casi dormida.

Sólo queda esperar que algún día
vuelva por fin un poco de reposo
a esta existencia pobre y desvalida

que no conoce ninguna alegría
en ese su vivir triste y silencioso
donde la alegría está ya perdida.

Buscaba la esperanza aquel destino
en el que poder hallar al fin la vida
pero tan sólo encontraba una huída
y aquel vivir triste y anodino

de aquel solitario peregrino
que aún buscaba una ilusión perdida
en aquella existencia tan querida
pero que huyó al ver la flor de espino.

Hoy todo vuelve a ese amor cobarde,
a esa triste existencia que ahora asoma
huyendo siempre del letal veneno

y de un querer que siempre llegó tarde
para encontrar la sombra de esa loma
y esa dulzura que procura el heno.

Si la esperanza pudiera algún día
recuperar ese amor olvidado
la tristeza se habría terminado
para dar siempre paso a la alegría

y a ese placer que siempre acogía,
por más que estuviera muy cansado,
aquel placer hoy ya casi agotado
sumido en una triste agonía.

Pero siempre retorna aquella vida
a donde siempre llegará la ausencia
de ese querer hoy tan afligido

que se deje llevar por esa huida
que por siempre se llevó la presencia
de ese querer que hoy está perdido.

Llega la esperanza siempre un poco tarde
hasta ese corazón hoy malherido
que un día perdió ese amor tan querido
y que ahora soportaba un dolor que aún arde

en este negro sin vivir cobarde
que hace mucho tiempo había ya perdido
aquel placer que hoy está escondido
en un triste vivir del que aún hace alarde.

Pero todo ha de volver algún día
a sentir al calor de aquella vida
que el querer es tan sólo la ausencia

y a saber que otra vez la alegría
no conocerá nunca más la huida
sino sólo el placer con su presencia.

Esa esperanza que encontró perdido
un amor que ahora era sólo ausencia
aún esperaba encontrar la presencia
de aquel corazón triste y malherido;

y aquel amor que parecía dormido
pues había perdido esa presencia
que aún esperaba con infinita paciencia
la llegada de ese amor escondido.

Hoy todo vuelve a ser dolor y huida,
un pesar sordo que atraviesa el alma
mientras el placer ya se ha terminado

y de nuevo vuelve a ser esta vida
una existencia de donde huyó la calma
de aquel placer hoy ya casi olvidado.

Si la esperanza pudiera algún día
recuperar ese amor olvidado
aún podría alcanzar ese plan ansiado
Y llenar la vida siempre de alegría;

más la tristeza siempre se escondía
en este mundo triste y agotado
donde el placer tristemente apagado
esperaba alejar ese mal que aún dolía.

Pero la vida el dolor silencia
cuando la existencia está casi agotada
y el querer es ya tan sólo un sueño

en el que siempre asoma la presencia
de esa vida que está ya abrumada
y que parece no tener ya dueño.

Cuando la esperanza es tan solo ausencia
vuelve ese amor que hoy está perdido
y que del placer tristemente ha huido
en un mundo que su dolor silencia;

y vuelve nuevamente la creencia
de que aunque el corazón esté afligido
nunca podrá estar ya tan abatido
como para huir de esta existencia.

Hoy todo vuelve a su puesto de salida,
a una existencia triste y sin retorno
y a aquella siempre permanente huida

que ante esa llama que aún está encendida
busca ese amor que halló en su contorno
la salida hacia una nueva vida.

A veces la esperanza aún busca la huida
de aquel amor que ayer era tan querido
y de aquel placer hoy desconocido
que todavía persigue la vida

en esta existencia a veces tan perdida
que aún persigue ese afán escondido
para huir de aquel dolor tan temido
que se refugia en un alma escondida.

Hoy todo torna a esa inmensa tristeza
donde el placer se marchitó aquel día
y no dejó más que una noche oscura;

un mundo donde impera la pereza
sin margen alguno para la alegría
porque sólo queda pena y desventura.

Aún aguardaba la esperanza que un día
llegara al fin aquel amor perdido
y ese placer que hoy había escondido
lo poco que quedaba de alegría;

pero la vida ahora parecía
un triste sueño que ya había huido
y dejado para siempre aterido
ese corazón que aunque triste latía.

Ahora todo vuelve a un mundo de ausencia,
a ese querer que secuestró la vida
y con ella a esos ya viejos amores

que se fueron dejando por presencia
el maldito rostro de la huida
y un mundo lleno de rencor y temores.

Se escabulló la esperanza aquel día
y sólo dejó un amor dolorido
un corazón eternamente herido
que ya no conocía la alegría

pues hasta la vida sin querer huía
dejando atrás hasta lo más querido
y ese placer que se había perdido
en una estancia que estaba ya vacía.

Hoy todo vuelve a aquella triste ausencia
que dejó un placer ahora lejano
y este triste vivir en la agonía

sin esperar que otra vez su presencia
traiga un nuevo placer cogido de esa mano
que ahora ya está eternamente fría.

Nunca aguardar que la esperanza un día
libere el amor de aquel triste olvido
y calme ese dolor que hoy está dormido
porque perdió el placer y la alegría;

confiar que por fin se acogería
a este triste corazón ahora abatido
que cansado de amar y desvalido
llegaría al final que tanto ansía.

Las ganas de vivir perdió esa vida
cansada ya de tanta desventura
que no conoce ya ningún consuelo

porque el pesar solamente convida
a dejarse llevar por la ventura
y ese placer que hoy está por el suelo.

Quisiera al fin que fuera la alegría
la esperanza para una nueva vida,
nunca el pesar que dejó aquella huida
a la que hoy el amor aún desafía;

esperando que llegue al fin el día
donde esa existencia hoy casi perdida
aun pudiera casi desfallecida
ponerle fin a tan dura agonía.

Hoy sólo queda un rastro de despecho
en un vivir que no encuentra consuelo
ni una cama que aún sea acogedora

sino el dolor que está siempre al acecho
y aquel amor caído por el suelo
cuando apenas si aún se alumbra la aurora.

Te fuiste, la dejaste desvalida
y empezó ese doler sin retroceso,
esa pena mi bien sin más proceso
que saberse sin ti ya siempre herida

pues así la dejó amor tu huida.
Ahora espera intranquila tu regreso
y liberarse al fin de ese hondo peso
que no sujeta ya ninguna brida.

Todo vuelve al dolor de esa atadura
que no pudo romper cuando marchaste
y que junto a ella está siempre al acecho

esperando alumbrar esa ventura
que siempre dio el amor que le mostraste
y hoy es sólo la esperanza de tu lecho.

Quisiera que la esperanza algún día
rescatara un corazón malherido
y volver a ese placer hoy perdido
para llenarlo todo de alegría;

que en ese ardiente pecho no cabía
más que tristeza por todo lo querido
porque una noche había ya venido
ese dolor que aguantar no podía.

Pero vendrá la noche nuevamente
y no traerá ni paz ni más reposo
a este cuerpo que la calma no conoce

porque todo vuelve de repente
a sentir de nuevo el infernal acoso
donde el alma nunca alcanza su goce.

Cuando emprendió la esperanza su huida
dejó tan sólo un corazón herido
y por siempre se habrá ya perdido
el alegre sentido de la vida

y sólo quede esa amanecida
que no despierta lo que está dormido
ni tampoco ese amor encendido
en esas luces de la atardecida.

Habrá que esperar que un nuevo día
traiga por fin un poco de reposo
a esta existencia triste y olvidada

que se olvidó hasta de la alegría
y ya sólo vivía en ese acoso
donde el alma se siente abandonada.

Aguardar que alguna vez la vida
traiga aquella esperanza hoy olvidada
sin dejar que este alma abandonada
emprenda el camino da la huida

en esta existencia ahora desvalida
que ahora se siente ya casi acabada
porque sólo le queda esa apenada
existencia hoy desfallecida.

Ahora queda tan sólo que el mañana
llegue por fin cargado de alegría
y que el amor no sea ya un sueño

del que despertar a hora temprana
para así saludar al nuevo día
que no ha de tener amo ni dueño.

Vuelve otra vez la luz de la mañana
cuando la esperanza ya se había ido
y quedaba solo y aburrido
un triste poso de aquella desgana

en la que poco a poco se desgrana
aquel corazón hoy malherido
y ese triste amor que hoy tan querido
aún buscaba una mano cercana.

Hoy todo vuelve a ser un desafío
para ese placer ahora abandonado
que sólo busca encontrar su huida

y olvidar aquella tarde con frío
que sólo trajo casi comenzado
el doloroso rumbo de la vida.

Nunca busca la esperanza su huida
ni el corazón ese amor escondido
que aquella noche se quedó perdido
mientras buscaba encontrar la vida;

hoy ya la templanza está escondida
en un refugio al que había huido
intentando encontrar ese tan querido
placer que su corazón ya jamás olvida.

Habrá que esperar que quizá algún día
vuelva aquel querer que hoy es olvido
en los confines de un mundo lejano

donde jamás reina la alegría
sino tan sólo un dolor escondido
en los ardores de aquel triste verano.

Habrá que esperar que quizá algún día
vuelva aquel amor que hoy es sólo olvido
en los confines de un mundo perdido
donde ya jamás reina la alegría;

sino tan sólo algo que parecía
aquel placer que hoy está escondido
en un lugar del que hoy ha huido
aquel amor en que la vida confía.

Hoy sólo queda el dolor de esa ausencia
que dejó aquel corazón malherido
y un alma tristemente desolada

al comprobar que ninguna presencia
traería aquel amor siempre querido
que hoy es estéril en esta tierra olvidada.

Quiso que la esperanza algún día
fuera el dulce refugio de su vida
y mantener aquella tan querida
ilusión llena siempre de alegría;

a pesa de que el amor traía
y una ilusión largamente perdida
o esa querencia que dejó en su huida
aquel querer que ahora tanto dolía.

Ahora la existencia casi está acabada
en esta vida triste y aburrida
que no conoce ya ningún destino;

ni la hermosa luz de una nueva albada
o la belleza de esa atardecida
que ponga algo de luz en el camino.

Es a veces la esperanza un olvido
que no conduce a ningún destino
ni el rumbo cambia de ese desatino
que nunca conduce a ese amor perdido,

sino a un triste placer que hoy desvalido
aún busca igual que si fuera un peregrino
que al fin el querer cambie ya su sino
y traiga ese placer que parece ya huido.

Ahora queda la tristeza de esta vida,
aquel placer que no tiene ni dueño
porque todo es dolor y desventura;

una existencia pobre y desvalida
en este mundo que perdió su ensueño
como aquella noche esa pobre criatura.

Busca al vida al fin ese camino
donde la esperanza tenga su cabida
para que al fin pueda ya la vida
encontrar ese su feliz destino;

sólo ha de hallar otro triste peregrino
que aún busca en otra nueva atardecida
aquella ilusión que hoy está perdida
en su mundo triste y ahora cansino.

Queda tan sólo esperar que algún día,
aunque hoy aún se encuentre tan lejano,
vuelva de nuevo el calor a ese lecho

y de nuevo también esa alegría
que reinaba en aquel feliz verano
cuando el amor era más que un hecho.

Aunque busque la esperanza su huída
no encontrará jamás su camino
ni aquel recado escrito en pergamino
donde escrita estaba la ruta de la vida;

pues solamente queda ya perdida
esa ruta que lleva a aquel destino
donde florece aquella flor de espino
en una existencia triste y desvalida.

habrá que esperar que otro nuevo día
calme este dolor que se muere de frío
y se lleve este triste trastorno

que por llevarse se llevó esa alegría
para dejar por siempre en un baldío
aquel calor que de tu muy dulce horno.

Por más que persiga la esperanza su huida
no ha de encontrar ya jamás su destino
ni tampoco la ruta de un camino
que nuevamente la lleve hasta la vida;

pues la felicidad sigue escondida
en algún lugar lejano y cansino
donde tan sólo un amor dañino
estará de vuelta otra vez enseguida.

Ya sólo queda esperar que algún día
se encuentre aquella senda hoy olvidada
donde de pena se mueren los amores;

y regrese de nuevo esa alegría
que se marchó silenciosa, cansada
y asustada ante tantos temores.

Siempre el amor es el peor enemigo
en esta existencia ya casi acabada
donde estaba la esperanza alojada
buscando siempre su mejor amigo;

pero aquella vida se llevó consigo
hasta la luz de esa hermosa alborada
y dejó para siempre ya olvidada
esa dulzura que llegaba contigo.

Dónde encontrar la luz de la mañana
o aquel deseo que hoy es sólo olvido
en este mundo triste y acabado

en el que la felicidad es tan lejana
que sólo queda aquel aún tan querido
placer que un día fue abandonado.

Se marchó la esperanza temprana
dejando un corazón ya malherido
que una noche se quedó escondido
a la espera de una nueva mañana;

mas el amor perdió al final la gana
de luchar por lo era más querido
pues el placer huyó a un lugar perdido
donde sólo reinaba la desgana.

Hoy todo vuelve a un recuerdo olvidado
que se perdió en un lejano camino
donde sólo se hallaba esa tristeza

de un placer hoy ya casi acabado
que por delante se llevó un destino
en el que hoy sólo reina la pereza.

Ese deseo hoy resulta lejano
sin que pueda la esperanza un día
devolverle un poco de alegría
y así el amor resulte ya cercano;

pero el dolor sólo trae de su mano
un poco más de terrible agonía
y ese pesar que cuando amanecía
nunca encontró aquel placer hoy lejano.

Habrá que esperar que otra mañana
devuelva al fin aquel amor perdido
que un triste día emprendió su huida

muy silenciosa y siempre temprana
para alejarse de un pesar que dormido
aún amargaba tristemente la vida.

Queda de la esperanza su partida
y este dolor que taladra el alma
porque nunca encuentra ya la calma
que sosiegue al fin esta triste vida;

resta como recuerdo aquella huida
que sin piedad machacó aquella calma
con un dolor que tristemente ensalma
esa alegría que hoy está perdida.

Ahora queda ese dolor hiriente,
lo poco que restaba de alegría
en ese amor ya casi olvidado

y ese pesar hoy tan impaciente
que sólo tristeza traía cada día
a este corazón hoy desolado.

Con prontitud la esperanza una mañana
emprendió un camino sin retorno
buscando el calor de un horno
que aliviara su triste desgana;

hoy ha de ser al fin el dolor quien gana,
desprovisto de cualquier adorno
todo el pesar que hay en ese entorno
donde la vida se muestra lejana.

Queda tan sólo el dolor de esa vida,
los restos de un amor ahora perdido
que hasta hace poco era tan ansiado,

la permanente amenaza de otra huida
hacia un mundo ya desconocido
en donde el placer estaba ya agotado.

A veces la esperanza llega tarde
para apagar ese fuego encendido
en un corazón que perdido
busca al fin esa llama que ya no arde;

hoy sólo queda ese amor cobarde,
aquel placer que parece dormido
y ese vivir que ahora ya escondido
no encuentra un cado que al fin lo resguarde.

Habrá que esperar una nueva vida
rescate al fin la felicidad lejana
que sin aviso se perdió aquel día

para encontrar solamente esa huida
que sin aviso escapó una mañana
llevándose consigo la alegría.

Hay veces que la esperanza ya ha huido
por una senda triste y oscurecida
y hacia una ruta hoy desconocida
donde quizá hallar ese amor perdido;

pero hoy todo carece de sentido
en esta triste noche silenciada
donde no pudo aquella amanecida
demostrar que la vida es sólo olvido.

Ahora es el tiempo de ese querer olvidado
que jamás encuentra su camino
para un placer que ahora se muestra esquivo

en este vivir ya casi agotado
donde nunca se hallará un destino
para ese afán que hoy está cautivo.

Busca la esperanza a veces escondida
aquel amor que hoy está lejano
y sólo deja un dolor cercano
que no encuentra el camino de su huida;

que demasiado tarde llega la vida
para ofrecer un placer temprano
que traiga al fin cogida de su mano
esa alegría que hoy está perdida.

Hoy ya no queda en el pensamiento
ningún resto de lo que fue alegría
y hoy sólo dolor y descontento

con los que acosa ese sentimiento
que era tan feliz hasta el otro día
y ahora es sólo pesar y tormento.

Hoy persigue la esperanza su escapada
para huir de ese dolor tan doliente
y esperar ese amor ardiente
que traiga de su mano esa ansiada

alegría que se fue desolada.
Porque el placer marchó como un ausente
por un camino al que ya su mente
solamente hallaba una tristeza anunciada.

Queda el recuerdo de un amor huido,
ese eterno pesar que deja la vida
y aquella pena enorme en aquel alma

porque cuando todo se da por perdido
queda sólo el recorrido de la huida
y la búsqueda inútil de una nueva calma.

Busca la esperanza con su eterna huida
encontrar al fin un lecho caliente.
un corazón todavía ardiente
y la alegría de una nueva vida;

mas sólo encuentra esa malquerida
existencia que siempre se resiente
de un amor hoy casi inexistente
que dejó sin saberlo el alma tan herida.

queda tan sólo aquel amor perdido
en un lugar del que ya huyó la calma
donde no se encuentra ya el camino

para volver a aquel placer hoy rendido
que nunca buscó la paz para aquel alma
en un lugar que no tiene destino.

Persigue la esperanza a veces escondida
aquel amor que hoy está lejano
y sólo deja un dolor cercano
que no encuentra el camino de su huida;

porque demasiado tarde llegó la vida
para traer cogido de su mano
aquel amor que hoy resulta vano
en un alma que hoy está derruida.

Quedará tan solo un amor perdido,
lo poco que aún guardaba la alegría
y el rescoldo de un fuego apagado

donde el placer siempre está escondido,
el alma solitaria y ya tan fría
que abandonó aquel sueño hoy ya huido

Se perdió la esperanza en un camino
que tenía su senda equivocada
y llegó triste y ya desolada
al final infeliz de su destino;

el filo de la vida era tan fino
que la felicidad estaba ya olvidada
y el amor tan sólo recordaba
el doloroso final de su camino.

Ahora sólo queda que una nueva vida
devuelva aquel amor hoy perdido
en los confines de un lugar lejano

donde nunca jamás podrá la huida
despertar de ese sueño ahora dormido
ni acercar al fin aquel placer cercano.

Queda de la esperanza un triste pasado
y aquel recuerdo que le dejó esa vida
cuando teniendo el alma dormida
se perdió el recuerdo de lo recordado;

y ahora que el amor ya se ha marchado,
por el triste camino de la huida,
busca el camino de aquella escondida
felicidad que el tiempo ha olvidado.

Resta una existencia triste y desolada
que aún busca su camino de dulzura
y algún lugar donde estar segura;

alguna alegría quizá abandonada,
un refugio donde el amor asegura
que en la existencia siempre hay una albada.

Pensar que cuando llegue el final de la vida
se acabará ese amor doloroso
y volverá ese vivir gozoso
que pudo escapar de una triste huida;

y se curará esa triste herida
que duele con la fuerza de ese acoso
y no deja que ningún reposo
acoja ese alma hoy malherida.

Mas la esperanza no encuentra reposo,
ni el final de su triste camino
que no la lleva a ninguna parte

sino tan sólo a vivir con ese acoso
que igual que una flor de espino
la vida deja siempre un poco aparte.

Quisieron que la esperanza fuera huida
y así escapar de ese amor doloroso
prisionero de aquel horrible acoso
que ahora atenaza esta triste vida;

pero la existencia se da por vencida
y jamás encuentra aquel reposo
sino la zarpa de aquel tembloroso
placer cuando el alma está dormida.

Cabe esperar que quizá algún día
vuelva otra vez un poco de ventura
para calmar este ansía hoy tan lejana

y esperar que un nueva alegría
rompa al fin esa horrible atadura
que atenaza el día a hora muy temprana.

Alguien buscó una esperanza perdida,
hoy solamente una ilusión lejana,
que sin piedad cada día asolana
la alegría de una triste vida

cuando llega ya de atardecida
esa alegría que quizá mañana
se convierta al fin en esa desgana
que sólo conduce a una nueva huida.

Ahora un alma triste cuida y atesora
aquel amor que es como casi un espino
que sólo ya contempla esa tristeza

que jamás encuentra esa acogedora
tranquila quietud de ese nuevo destino
en donde jamás quepa la pereza.

Buscaba la esperanza esa flor de espino
que alguien dejo una vez casi olvidada,
oculta, solitaria y machacada
en el ribazo de un oscuro camino;

nadie pensó que quizá otro destino
recogiera esa planta destrozada
que triste estaba porque maltratada
ya no podía cambiar más su sino.

Habrá que esperar que otra nueva vida
alegre cada día las mañanas
cuando el sol a salir empieza

temeroso aún de que otra huida
deje la vida llena de desganas
y de un dolor que apenas si comienza.

En soledad la esperanza ya aguarda
la llegada de ese placer perdido,
aquel querer que hoy está ya huido
y un cobijo amable que resguarda

de ese dolor que ahora sólo guarda
aquel amor que ayer fue despedido
y abandonado como un bien perdido
que ahora ya nadie con celo resguarda.

Queda tan sólo un resto de alegría
que dentro de poco será abandonada
en el ribazo de cualquier camino

sin esperar que quizá algún día
llegue nuevamente aquella albada
que a este pesar le ponga ya término.

Busca la esperanza esa flor de espino
que alguien dejó una vez casi olvidada
oculta, solitaria y machacada
en el ribazo de un oscuro camino;

nadie pensó que quizá otro destino
recogiera esa planta destrozada
que aún esperaba que alguna llegada
cambiara al fin esta vida de sino.

Hoy todo vuelve a esa triste calma
que dejan los domingos por la tarde
cuando la vida está ya callada

y se escucha el pasar de ese alma
que huye de un dolor que aún arde
para alumbrar una nueva albada.

Persiguió la esperanza una mañana
un corazón que andaba perdido
pero tan sólo halló ya malherido
un amor sólo lleno de desgana;

quiso esperar que a una hora temprana
volviese ese placer tan querido
que de repente se encontró escondido
en un vida triste y ya sin gana.

Se piensa muchas veces que la vida
traerá consigo una nueva alegría
para alegrar esta triste existencia

en la que no cabrá nunca esa huida
que por delante se llevó aquel día
lo que ya quedaba de resistencia.

Tuvo la esperanza de encontrar una rosa
que se marchitó como cualquier cosa
perdiendo esa aroma fresca y lozana
que siempre aparece por la mañana;

hoy sólo queda hundida y pesarosa
una vida un poco ya ansiosa,
mucha tristeza y aquella desgana
que casi siempre sola se desgrana.

Habrá que esperar un nuevo destino
que calme al fin esos grandes temores
y ofrezca nuevamente aquella vida

donde el amor no tenga ya término
y lo que ayer fueron dulces amores
jamás emprendan una nueva huida.

Encontró la esperanza una mañana
un corazón que ahora andaba perdido
pero solamente halló malherido
un amor ya lleno de desgana;

quiso esperar que a una hora temprana
volviese ese placer hoy tan querido
que de repente encontró escondido
un vivir sólo lleno de desgana.

Se piensa muchas veces que la vida
traerá consigo una nueva alegría
para alegrar por siempre esa existencia

que hasta ayer era tan querida
y hoy es sólo pena y cobardía
en este vivir sin ninguna conciencia.

Buscaba la esperanza esa flor de espino
que alguien dejó una vez casi olvidada,
oculta, solitaria y machacada
en el ribazo de un oscuro camino;

nadie pensó que quizá otro destino
recogiera esa planta abandonada
al ver como la pobre destrozada
no podía ya cambiar su sino.

Ahora queda que una nueva vida
traiga por fin un poco de reposo
en esta pobre existencia desolada

donde la existencia se da por perdida
y sólo queda ese hostil acoso
en un vivir que no tiene escapada.

Esperaba la esperanza que un día
apareciera ese amor hoy huido
y volviera al fin el tan querido
ansiado momento de gozo y alegría;

pero la vida no siempre quería
seguir los pasos de ese oscuro destino
que se perdió en lejano camino
cuando el sol ni siquiera amanecía.

Hará falta que otra vez la vida
recupere el sabor de la sonrisa
y ese gozo ahora tan lejano

que se perdió en esa tan querida
añoranza que se marchó con prisa
silenciosa pero siempre temprano.

En soledad la esperanza aguarda
la llegada de ese amor perdido,
aquel querer que hoy está ya huido
y un cobijo amable que resguarda

de ese dolor que ahora sólo guarda
aquel placer que ayer fu despedido
y abandonado como aquel latido
que solamente molesta y trastorna.

Ahora queda que quizá algún día
vuelva ese querer que hoy está olvidado
esperando que una nueva vida

llegue al fin con un poco de alegría
a este corazón ahora apenado
por esa existencia hoy ya perdida.

Triste la esperanza mira y contempla
como poco a poco se marcha el verano
y no deja ni un rastro ahora lejano
ante un otoño que con su frescor destempla;

vuelve otra vez un dolor que tiembla
ante la llegada de ese viento hoy cercano
que llevará cogido de su mano
una amargura tristemente completa.

Habrá que esperar que un nuevo día
traiga el amor que cada mañana
se espera cada vez con impaciencia

y vuelva otra vez esa alegría
que hoy es tan sólo una triste desgana
donde no cabe un poco de paciencia.

Queda de la esperanza un sabor a huida
cuando todo parecía perdido
y hasta el amor había ya huido
de la inmensa tristeza de esta vida;

sólo aguardaba un sabor a despedida
a ese querer que ahora escondido
aún perseguía hoy desfallecido
la belleza de una nueva amanecida.

Habrá que esperar que otro nuevo día
traiga por fin un poco de sosiego
a esta existencia triste que mañana

aún buscará un poco de alegría
en un placer que ya está de regreso
desde una tierra perdida y lejana.

Triste la esperanza mira y contempla
como poco a poco se marcha el verano
y no deja ni un rastro ahora lejano
de aquel otoño cuyo frescor destempla;

eres ese querer que solícito templa,
cuando llega ese viento solano
y como poco lentamente llega lozano
aquel amor que de dolor hoy tiembla.

Ahora llega la hora de ese día
que dejó ese amor triste latiendo
en un corazón ahora perdido

del que para siempre habrá una huida
y un placer que hoy está muriendo
en los brazos de un querer que ha huido.

Eres gentil como una mariposa
Vladi de mi ilusión y mis amores,
quien por siempre acerca esos favores
que hacen mi vida dulce y amorosa;

sigues queriendo como cualquier cosa
que en mi vida solamente haya flores
y se marchen aquellos temores
que hicieron mi existencia pesarosa.

Tienes siempre esa tierna sonrisa
que alegra cada día ya mi vida
que para alejarse nunca tiene prisa

y que incluso cuando voy deprisa
siento ese maullido, cielo, que convida
a sentir siempre ese gusto de tu risa.

Se perdió la esperanza en un camino
mientras el día apenas clareaba
y desde un lejano lugar aún llegaba
la vieja senda del nuevo destino;

la nueva vida se llenó de espino
que a estas alturas sólo deseaba
que la vida siguiera abrazada
igual que a su senda aquel peregrino.

Habrá que esperar un nuevo día
para encontrar ese amor perdido
rn una senda triste y temerosa

y buscar nuevamente esa alegría
que hoy está en un lugar desconocido
buscando todavía la belleza de esa rosa.

Te recuerdo lleno de esa alegría
que sólo tú podías cielo darme
porque jamás quisiste dejarme
sin tu dulce mirada cada día;

hoy tu muerte a los dos nos desafía
y no hay esperanza que desarme
aquel querer que hoy triste me arme
de aquel amor con que siempre venía

tu azul mirada llena de dulceza
que te recordaré aunque esta vida
olvide a veces que nunca hay olvido

para curar esta enorme tristeza
que nunca daré ya por perdida
pues fuiste Ilich para mí lo más querido.

Eres el refugio a mi alegría
y el tesoro de mi amor tan querido
que siempre había ya sentido
tu luz tesoro cuando amanecía;

Eres ese cielo que siempre acogía
cuando mi amor había ya huido
y daba casi siempre por perdido
mi dulce sueño cuando aún dormía.

Serás Vladi un amor en mi vida,
quien acune mi dulce pensamiento
robándole toda su tristeza

porque sé que jamás serás la huida
que deje triste y solo mi sentimiento
pues eres cielo fuente de mi dulceza.

Esa esperanza que no tiene huida,
el placer que ahuyenta los temores
y esa alegría que aquellos amores
que de placer llenaron la vida

que casi siempre porque estaba perdida
esa añoranza de dulces albores
y queda el dolor de viejos amores
en un alma rota y casi hundida.

Ahora queda que llegue ese día
que restaure aquel amor que hoy huido
busca el regreso por aquel camino

donde sólo se halle esa alegría
que se quedó en un lugar perdido
sin horizonte ni ningún destino.

Eres mi amor esa dulce ternura
que cuando empieza a clarear el día
mis noches llena de paz y alegría;
también eres esa ansiada ventura

que siempre ahuyenta la noche más oscura
y ese corazón que siempre acogía
su luz para mí cuando amanecía
y así ahuyentar cualquier locura.

Sólo puedo decirte hoy cielo mío
que serás el alma de mi vida
y esa esperanza que hoy parece perdida;

pero que volverá cuando haga frío,
cuando sientas que estoy desfallecida
y quiera emprender el camino de mi huida.

Eres ahijado ese ser deseado y tan querido
que de esperanza llena siempre mi vida
porque sé que tú llegas enseguida
en cuando eres por mí apenas requerido;

me das con tu cariño tan sentido
esa templanza que a vivir convida
y nunca jamás darás por ya perdida
aquella alegría que ahora casi ha huido.

Seguiré esperando cada día
aquel amor que una vez marchó perdido
de este corazón por siempre latiendo

y que aguarda de nuevo esa alegría
que hace tiempo se había escondido
porque el amor seguía aún huyendo.

Aunque la esperanza está cansada
esperará a que ese amor perdido
regrese nuevamente con el tan querido
placer en esta vida desolada;

esa felicidad hoy desarmada
aguardará que nunca ya el olvido
deje el placer que hoy está ya huido
tras esa valla ahora levantada.

Queda esperar que ninguna otra huida
se lleve por delante esa alegría
que tiene la mañana en primavera

y que pronto llegue aquella nueva vida
que con deseo casi siempre acogía
aquel cariño que aún es lo que era.

Esperando transcurre la vida
mientras el amor se encuentra aún lejano
y solamente queda ya cercano
el triste camino de una nueva huida;

porque la esperanza está casi perdida
después de aquel tan feliz verano
que se acabó demasiado temprano
dejando un alma triste y aterida.

Queda tan sólo aguardar que algún día
vuelva ese placer que hoy está ya ausente
en el rincón de un amable olvido;

y que de nuevo llegue esa alegría
que hoy parece que no está presente
porque aquel querer hoy está perdido.

El tiempo desmorona la vida
y queda solamente un amor perdido,
un corazón por siempre ya herido
y esa esperanza lejana y destruida;

sin esperarlo llega al fin la huida
hacia un lugar que hoy está escondido
y donde un corazón hoy ya perdido
aún aguarda una nueva amanecida.

Habrá que esperar que otro nuevo día
traiga al fin un poco de esperanza
en esta existencia hoy tan maltratada

y de nuevo vuelva esa alegría
que aleje para siempre la desesperanza
y acerque al fin una nueva albada.

Se perdió la esperanza en un camino
mientras el sol apenas clareaba
Y desde un lejano lugar llegaba
la antigua senda del viejo destino;

apareció de pronto un peregrino
que tristemente y solo caminaba
por una senda donde transitaba
con un paso lento y ya cansino.

Ahora toca esperar que otra nueva vida
traiga ese reposo tan merecido
cualquier tarde llena de ventura

y que nunca jamás aparezca esa huida
que sólo llevó por un camino perdido
aquella noche que era tan oscura.

Huyó la esperanza temprano aquel día
por un camino lejano y perdido
en el que la vida había ya huido
sin encontrar un poco de alegría;

ni tampoco ese amor que acogía
ese corazón ahora afligido
que aún buscaba ya desfallecido
aquel amor cuando amanecía.

Habrá que esperar que una nueva mañana
traiga por fin un poco de reposo
a este corazón triste y perdido;

y que de nuevo acabe a hora temprana
el dolor de aquel triste acoso
y traiga ese placer que hoy está escondido.

Se despertó la esperanza aquel día
para hallar un poco de alegría
en el rastro triste de un sol que amanecía
y otra jornada más de antipatía;

quedaba que ese amor en que aún confía
volviera con un poco de aplacía
y trajera llena de simpatía
aquel amor que quedaba todavía.

Hoy todo vuelve a esa enorme tristeza
donde el corazón palpita y arde
mientras la vida sigue su camino

alejando por siempre esa pereza
que nunca llega demasiado tarde
para cambiar el rumbo del destino.

Esperando transcurre nuestra vida
con una esperanza ya casi perdida
mientras aquel amor aún tan lejano
busca todavía en el hueco de la mano

esa la alegría que a vivir convida
aunque ahora la alegría sea sólo huida
y el placer un reto que cercano
nuca encuentra aunque sea en vano

ese amor que en una noche oscura
llegó para quedarse eternamente
y sin pedir ningún favor a cambio;

igual que aquella dulce criatura
que feliz se instaló en aquella mente
sin buscar jamás un nuevo recambio.

Tiene la esperanza a veces algún día
un vago recuerdo de alegría
esa sensación de amor perdido
y el dolor de un corazón herido;

busca en ocasiones aquella fantasía
que llegó como lo que más quería
pero que hoy es sólo un placer huido
refugiado en un lugar escondido.

Habrá que esperar que una mañana
vuelva nuevamente aquella vida
que aunque cobarde y un poco temerosa

nos devuelva a una hora temprana
ese querer que no tiene huida
porque sabe que amar no es cualquier cosa.

Muy pronto amaneció el nuevo día
lleno de un amor que lloraría
a causa de esa esperanzada perdida
porque emprendió otra vez su huida;

pero había en el alma todavía
los restos de aquella alegría
que parecía estar escondida,
silente y un poco aturdida.

Ahora queda el sabor de ese olvido
que jamás cesará en su tortura
aunque cambie de mano y de dueño

y sea aquel amor hoy ya perdido
el que traiga un poco de cordura
a este vivir que es algo más que un sueño.

No fue la esperanza la primera
en sentir la nueva primavera
que llegaba esperando un verano
y ya jamás pasaría en vano

ni volvería a ser lo que antes era;
ahora la vida impaciente espera
que llegue al fin ese amor lejano
para sentirlo siempre muy cercano.

De repente llega una nueva vida
cargada de proyectos e ilusiones
y donde sólo cabe la alegría;

porque llegará una nueva huida
que se lleve ya aquellas pasiones
y aquel dolor que nunca más partía.

Nunca se encuentra la esperanza perdida
que se marchó triste y aterida
sin esperar que una nueva mañana
se llevara al fin aquella desgana

que parecía estar ya dormida
pero aún tenía aunque desfallecida
una ilusión todavía cercana
en la que el amor todavía se afana.

Pero la vida perdió esa alegría
y aquel amor que hoy se siente lejano
porque piensa que ya no habrá cura

para un dolor en el que cada día
el pesar se despierta más temprano
y la noche es cada vez más oscura.

Llega el otoño con inmensa alegría
aunque se acorte un poco más el día
y nos trae cogido entre sus manos
ese cariño de amores tempranos;

empieza una estación que nos traería
alguna flor perdida de ambrosía
pero aún consigue que algunos hermanos
vuelvan de nuevo como en los veranos.

Mas llegó de repente el placer perdido
en un camino estrecho y oscuro
que parece no tener salida

y que espera esperanzado y confundido
lo que aún quedaba de ese aire tan puro
mientras aguarda el despertar de la vida.

Volverá la esperanza nuevamente
a pensar que aquel amor ausente
tornará otra vez a estar presente
y lo hará ciertamente de repente;

siempre habrá seguro y ciertamente
alguien que abra por fin ya nuestra mente
a esa seguridad que siempre siente
mi corazón aunque no lo aparente.

Hoy todo vuelve a aquella noche oscura
en donde el corazón se halla perdido
desde que comienza la mañana

y ya no hay nadie que calme esta tortura
ni consiga que el placer hoy huido
se convierta en felicidad temprana.

Esperaba tranquilo el sol naciente,
silencioso pausado y paciente,
que muy pronto con el nuevo día
vuelva ese amor lleno de alegría;

pero el viejo corazón aún siente
que después se irá por occidente
cuanto quedaba de hermosa alegría
en este corazón que adolecía

de tristeza en aquella noche oscura
donde todo se daba por perdido
y hasta la esperanza estaba tan lejana

que no hay nadie que con fe procura
que este corazón hoy desvalido
encuentre al fin su felicidad temprana.

Aguardaba la esperanza una tarde
recuperar ese amor que triste arde
mientras la noche tranquila seguía
la llegada de otro nuevo día;

pero la vida es a veces cobarde
y no consigue que el corazón guarde
siquiera un poco de aquella alegría
que nocturnamente ahora huía.

Sólo queda esperar que un mañana
vuelva el resurgir de una vida
que al fin traiga un poco de sosiego

en esta existencia que hoy lejana
busca todavía aún desfallecida.
aquel placer que se llevó consigo.

Olvidó la esperanza aquel día
que en la vida todavía existía
aquel amor que hoy es sólo olvido
y el placer el deseo más querido

a pesar de que en el mundo no había
ningún resto de amable alegría
sólo un triste resto de ese amor perdido
que aún buscaba el refugio de otro nido.

Sólo queda aguardar que la vida
traiga por fin un poco de reposo,
esa felicidad ahora lejana

que no quiere que otra nueva huida
se lleve con su pulso tembloroso
esa alegría que aún espera un mañana.

Es la esperanza igual que la vida
una ilusión que está ya perdida
o aquel amor ya casi olvidado
que al marchar no dejó recado;

ya sólo queda un vivir en la huida
que guarda silenciosa y escondida
ese querer ahora casi abandonado
en un lugar oscuro y alejado.

Habrá que esperar que otro nuevo día
venga cargado alguna mañana
de aquel placer que espera perdido;

y que llegue cargado de alegría
cualquier noche a una hora temprana
a devolver ese querer ya huido.

Se perdió la esperanza en un camino
que no llevaba a ningún destino
más que aquel de una nueva huida
donde el placer no tenía cabida

y que un día se fue por donde vino
sin dejar que ningún adivino
resolviera las dudas de esa vida
que hace mucho tiempo estaba perdida.

Hoy sólo queda esperar que algún día
regrese aquel amor hoy escondido
en un lugar que no tiene destino

ni tampoco un poco de alegría
que hace mucho tiempo se había perdido
al marchar por donde hace tiempo vino.

Se apoya la esperanza en un contrafuerte
a la espera de que llegue la buena suerte
y salir de ese hoyo tan profundo
donde la colocó este maldito mundo;

pero la espera es tan sólo muerte
y un dolor tan intenso y tan fuerte
que no quedará más que un inmundo
recuerdo triste y meditabundo.

Ahora queda el sabor del olvido,
una vida triste y sin destino
y aquel amor que ahora está ya ausente;

aquel dolor por todo lo vivido,
el resto de una flor de espino
y este pesar que siempre está presente.

En un camino que no tenía salida
y donde apenas florecía la vida
se perdió aquella esperanza lejana
un triste día y a una hora temprana;

quedaba el recorrido de una huida
que hace tiempo parecía perdida
en una triste y aburrida mañana
donde sólo reinaba la desgana.

Ahora espera que no haya otra tortura
para maltratar ese amor hoy huido
que no encuentra camino ni salida

pero aún espera que una nueva ventura
traiga consigo aquel placer perdido
y una alegría que hoy parece escondida.

Busca una esperanza desesperada
volver a encontrar esa paz ansiada
y retorne de nuevo aquella alegría
que aquel tierno corazón tenía;

en el horizonte ya no había albada
sino amargamente ahora instalada
aquella evocadora melancolía
que triste acompañaba al nuevo día.

Habrá que esperar que una nueva vida
traiga al fin ese reposo ansiado
Y aquella paz tranquila y hoy perdida

que tiene miedo que una nueva huida
se lleve aquel amor tan esperado
aunque sólo quede un alma desvalida.

Olvidó la esperanza aquel día
que aquel amor que hoy es sólo olvido
siga siendo el recuerdo más querido
y un mundo lleno de amable alegría;

a pesar de que en el mundo no había
más que un placer que ahora ya perdido
todavía busca desfallecido
un lugar donde reine la aplacía.

Ahora queda esperar que un mañana
traiga al fin un poco de reposo
en esta vida que se siente abandonada

y siempre llena de una enorme desgana
donde ahora sólo queda aquel acoso
sobre una existencia ya amortizada.

Llegó la esperanza muy tarde
para derrotar a ese amor cobarde
y traer ahora con el nuevo día
un poco de esa perdida alegría;

pero hoy en el fuego solamente arde
esa insolencia sobrada de alarde
buscando ese amor que antes traía
ese refugio donde siempre se acogía.

Ahora es hora de que en esta vida
vuelva esa ilusión que no conozca desgana
ni tampoco ninguna desventura;

sólo esa llama todavía encendida
que siempre se alumbra por la mañana
para iluminar esta noche tan oscura.

Cabe esperar que una nueva amanecida
traiga por fin esa esperanza hoy perdida
y se lleve para siempre esa desgana
temprano ya cualquier mañana;

pero parece que otra vez la vida
sólo busca el camino de esa huida
que ha de llegar a esa hora temprana
a pesar de que ahora está aún tan lejana.

Mientras tanto la existencia espera
ese amor que quedó en el olvido
y hoy es sólo triste desventura

porque aquel placer que antaño era
una alegría que hoy ya se ha perdido
y convertido en terrible tortura.

Vuelve la esperanza como cada día
a perseguir que una nueva alegría
regrese otra vez cualquier atardecida
hasta esta vida hoy casi perdida;

pero la existencia no conocía
más que ese dolor que siempre acudía
cuando llegaba aquella despedida
que dejaba una vida siempre afligida.

Habrá que esperar que en una nueva vida
se recupere aquel amor que hoy se ha ido
hasta un lejano lugar que no tiene destino

y que ya jamás vuelva aquella huida
a destrozar este placer que sido
como un dulce oasis en el camino.

Esperar que algún día traiga la vida
esa esperanza que hoy está perdida
y que busca que en una noche oscura
regrese finalmente esa ventura

que hace tiempo emprendió la huida
un triste día cuando desvalida
quiso huir de aquella tortura
que para irse no tenía ninguna presura.

Queda sólo aguardar que algún día
regrese al fin un poco de consuelo
a esta existencia casi prisionera

y retorne al fin esa alegría
que hoy está abandonada por el suelo
aguardando la llegada de la primavera.

Llegó la esperanza a un aposento
en donde sólo encontró tormento
y allí aguardó que quizá un día
volviera nuevamente la alegría

para calmar pronto y en un momento
ese dolor que espera en su aposento
que aquel amor que ahora era tiranía
y una canción sin ninguna armonía.

Ahora sólo queda que ese amor perdido
regrese nuevamente a aquella casa
donde está su acogedor aposento

en el que un día cayó triste y desvalido
a la espera de que esa felicidad hoy escasa
no se convierta en un nuevo tormento.

No encuentra la esperanza el camino
ni tampoco el horizonte de un destino
que la lleve por fin algún día
a encontrar una amable compañía;

porque tampoco la vida cambia su sino
para escribir en un nuevo pergamino
que la existencia puede ser alegría
aunque a veces parezca una agonía.

Habrá que aguardar que una nueva mañana
devuelva aquel amor que hoy está perdido
en algún lugar triste y oscuro

donde lo retiene una temprana
desesperanza que nunca se ha ido
y que hoy se oculta detrás de otro muro.

Ahora que la esperanza ya se ha ido
sólo queda aquel ave ahora sin nido
y ese recuerdo triste y hoy lejano
que la alegría se llevó de la mano;

y de aquel amor que fue tan querido
ya sólo habrá este dolor encendido,
el resto de un pesar todavía cercano
y ese pesar que trajo un viento solano.

Es hora de pensar que quizá un día
llegue por fin ese amor hoy ausente
que ya se daba por casi perdido

y con él regrese esa alegría
para quedarse ahora siempre presente
y jamás en un lugar escondido.

Cuando busca la esperanza un huida
es porque ya en esta triste vida
no encuentra ese amor que hoy está perdido
ni ese viejo placer ahora tan escondido;

todo parece una ilusión olvidada
en esta existencia que sólo convida
a que de nuevo otra atardecida
devuelva esa ilusión que emprendió su huida.

Habrá que esperar que otro nuevo día
devuelva esa ilusión que hoy ya perdida
aún espera que ningún olvido

secuestre lo que aún queda de alegría
en esta vida tristemente abatida
donde sólo cabe aquel amor perdido.

No encuentra la esperanza el camino
que la lleve por fin a un mundo de alegría
donde la luminosa luz de cada día
ilumine ese nuevo destino

en donde pueda ese amor cansino
alejar aquel dolor que como flor de espino
aún con todo pesar todavía quería
encontrar un rincón de aplacía.

Hoy sólo queda dolor y olvido
en esta vida un poco misteriosa
que aunque ya sólo llena de dolor y pena

recupere aquel placer hoy ya perdido
y vuelva otra vez nuevamente airosa
una vida dulce como una azucena.

Se desliza la esperanza por un camino
y busca entre enojada y sorprendida
la ruta soñada de una nueva vida
que encuentre pronto un nuevo destino;

pero el amor se fue por donde vino
sin dejar que una llama encendida
volviera en una nueva amanecida
a alejar ese querer hoy dañino;

ahora queda aguardar que un nuevo día
traiga por fin un poco de ventura
a este triste corazón que dolido

aún espera un poco de alegría
y se acabe aquella desventura
marchándose por donde ha venido.

Siempre llega la esperanza muy tarde
para apagar esa llama que aún arde
y rescatar lo que queda de vida
en aquella senda hoy tan perdida;

y nunca espera que un amor cobarde
haga con ello el menor alarde
para terminar en una triste huida
cuyo regreso a posta siempre olvida.

Hoy sólo queda esperar que algún día
regrese aquel amor que hoy está huido
en un lugar donde la moranza

jamás ofrece un poco de alegría
ni el encuentro con aquel placer perdido
que por huir nunca pagó fianza.

Si dijeran que la esperanza un día
iba a llegar cargada de alegría
es posible que de amanecida
se alegrase esa vida hoy perdida;

pero la existencia no conocía
más que ese dolor que siempre aparecía
en el comienzo o el final de esa vida
que siempre estaba triste y afligida.

Mientras el placer desaparecía
también el amor era sólo olvido
en esta eterna nueva amanecida

y sólo queda que vuelva otro día
aquel placer que hoy está ya huido
y deja la existencia triste y afligida.

Discurre el tiempo, nada lo detiene
porque la existencia solamente tiene
un resto de esperanza que hoy perdida
aun espera que de amanecida

se detenga ese dolor que imparable viene;
pero la realidad todavía mantiene
el recuerdo cruel de esa triste huida
que dejó para siempre el alma herida.

Queda tan sólo el recuerdo del olvido,
una vida ya casi destrozada
y un triste corazón abandonado

pues el amor solitario ha huido
a una casa donde la alborada
recuperará ese querer hoy apenado.

Alguien habló de la esperanza en pasado
como si viviera en un mundo caducado
pero resurgió de nuevo esa vida
nunca olvidada y siempre querida;

y volvió otra vez ese mundo añorado
que siempre se presentaba cargado
de esa ilusión hoy apenas escondida
que siempre mantenía su llama encendida.

Ahora toca encontrar esa ensenada
donde siempre reina la alegría
y una existencia alegre y conmovida

donde cada mañana otra vez soñada
aparece esa mano que pronto abriría
aquella puerta de una nueva vida.

Quiso la esperanza ser como un juego
del que ya no podría salir luego
y se quedó prisionera y cogida
en una espiral sombría y sin salida;

porque a lo lejos aún ardía ese fuego
para el que no había ningún cortafuego
con el que apagar el dolor de aquella vida
que se encontraba en permanente huida;

hoy todo tiene ese sabor a olvido
que ya jamás encontrará el camino
para rescatar ese amor hoy perdido

y llevarlo de la mano cogido
a las puertas de un nuevo destino
que no ofrezca un corazón siempre herido.

Son horas de dolor y desventura
en una noche que siempre está oscura
de la que huyó la esperanza una mañana
muy despacio y a una hora temprana;

porque la buena suerte jamás procura
ofrecer un mundo lleno de ventura
en el que no exista aquella desgana
aunque hoy se muestre todavía lejana.

Habrá que esperar que un nuevo día
traiga por fin aquella amanecida
donde el amanecer sea como un sueño

del que sólo se espera esa alegría
que aunque parece un poco desvalida
trae en sus manos un mundo de ensueño.

Se muestra la esperanza hoy con desgana
al comenzar otra nueva semana
cuando ve que aquel amor perdido
siempre aparece triste y afligido

porque nunca llega una mañana
que comience a una hora temprana
a sanar aquel corazón herido,
apenado y hasta muy desvalido.

Y nunca llega al fin ese día
para rescatar ese placer hoy cautivo
que su pronta liberación espera

para que así de nuevo la alegría
reine en un mundo que hoy se muestra esquivo
a recibir la alegre primavera.

Dicen que la esperanza es como la vida
y que llega puntual cada mañana
aunque a veces con cierta desgana
pues se siente triste y todavía abatida;

porque aún recuerda aquella despedida
que dejó su alma a una hora temprana
en una orilla que hoy está lejana
tiste sola y ahora ya casi perdida.

es tiempo ya de encontrar esa ternura
que llenara las noches y los días
con el más dulce y tierno pensamiento

cambiando para siempre esa amargura
por unas tardes llenas de alegrías
que ya se acerquen sin ningún miramiento.

Sentir ese dolor como una lanza
al que la curación jamás alcanza
y esperar que un nuevo amor cualquier día
traiga por fin esa perdida alegría;

pero parece que no llega esa esperanza
y que tan sólo queda aquella branza
que insistente intenta todavía
encontrar esa vida donde había

un placer que hoy ya se ha perdido
en esta existencia casi olvidada
que jamás encuentra su destino;

porque la vida cobardemente ha huido
hasta una estancia con la luz apagada
que no le deja encontrar su camino.

Dicen que la esperanza es como un camino
que a veces lleva al mejor destino
pero no siempre sabe que la vida
del más tierno amor a veces se olvida;

porque algunos días vuelve ese cansino
dolor que como una flor de espino
aparece en una senda perdida
siempre buscando un camino de salida.

Pero lo queda es un amor huido
que miedo tiene a que otra venganza
llene de dolor esta triste existencia

y sólo quede triste y malherido
ese corazón que apenas alcanza
a seguir latiendo fuerte y a conciencia.

Si la esperanza pudiera una mañana
alcanzar esa vida hoy tan lejana
seguramente aquel amor esquivo
volvería a la sombra de un olivo

que siempre espera que a una hora temprana
se marche para siempre esa desgana
y vuelva ese placer que como un fugitivo
se marchó una noche sin ningún motivo.

Pero la vida sigue temblorosa
a la espera de cualquier día
vuelva ese amor que hoy está perdido

en medio de una densa nebulosa
que nunca dejar ver aquella alegría
donde siempre queda un afán dormido.

Cuando la esperanza busca su camino
siempre se encuentra frente a un triste destino
que a veces sólo busca en la venganza
aquel dolor que deja la añoranza;

pero la vida sólo encuentra flor de espino
y algún viejo y maltratado pergamino
al que la curación ya no le alcanza
porque está atravesada por una lanza.

Es hora de que ese amor doliente
encuentre por fin una nueva huida
que la rescate por fin de su olvido

y que ese placer hoy casi ausente
llene de nuevo aquella triste vida
donde el dolor siempre está presente.

La esperanza es a veces espera
igual que ese amor que se quedó allá fuera
y es difícil encontrar un camino
que la lleve por fin a un feliz destino;

es a veces como esa primavera
que a menudo se siente prisionera
junto a un perdido y santo peregrino
que aún buscaba volver por donde vino.

Por eso a veces solamente otra vida
traerá consigo un poco de alegría
a esta triste soledad hoy vacía

y que aún aguarda un poco conmovida
que ese antiguo amor regrese algún día
y traiga consigo lo que anoche sentía.

Es a veces la esperanza una huida
para escapar de esta triste vida
y olvidar el amargo desconsuelo
que aquel amor dejó tirado en el suelo;

pero nunca llega esa tierra prometida
que parecía estar por siempre perdida
y sin poder levantar ese vuelo
para alcanzar un nuevo consuelo.

Habrá que esperar que por fin un día
Aamanezca otra vez una hermosa alborada
a esta existencia donde la tristeza

se apoderó al fin de aquella alegría
que venía con la luz de la albada
para llenar todo de tierna dulceza.

La esperanza es como una triste espera
Igual que se amor que se quedó fuera
Y es el final de un largo camino
Que siempre busca su feliz destino;

A veces la vida es como esa primavera
que a menudo se encuentra prisionera
junto a un triste y perdido peregrino
que sólo buscaba volver por donde vino.

Por eso en ocasiones tan sólo otra vida
traerá consigo un poco de alegría
a esta existencia que hoy está vacía

y espera todavía conmovida
que un nuevo amor regrese algún día
trayendo consigo el placer que sentía.

Una noche clara y estrellada
esperaba que esa esperanza cansada
volviera ya de su oscuro destino
siguiendo la ruta de un amable camino;

aunque la vida también fatigada
no ofreciese más que una escapada
que casi siempre traía un cansino
amor amargo como flor de espino.

Es hora de invocar ese amor perdido
que por las noches busca su destino
donde la existencia no sea una losa

y aquel placer que hoy sólo olvido
regrese al fin de ese viaje cansino
con una alegría que ha de ser preciosa.

Dicen que la esperanza camina cansada,
solitaria triste y desengañada
porque esa alegría que hoy parece escondida
quiere regresar de su penosa huida;

por eso al llegar la mañanada
de aquel ardiente amor no queda casi nada
más que los resto de una triste vida
que desde hace tiempo se quedó perdida.

Sólo queda esperar que algún día
regrese ese corazón que se da por huido
en algún lugar oscuro y sin destino

donde jamás podrá la alegría
rescatar ese placer hoy perdido
en algún oscuro y triste camino.

A veces la esperanza está cansada
y además se siente casi abandonada
porque la enorme tristeza de esta vida
solamente ofrece un camino de huida;

con el nuevo día llega otra jornada
que no conocerá esa luminosa albada
pues ahora parece que está ya perdida,
solitaria, triste, oscura y afligida.

Tal vez llegó la hora de que otra ventura
traiga por fin un poco de alegría
a este corazón que de pena llora

en esta noche triste y siempre oscura
que jamás ve amanecer el nuevo día
por más que un triste amor así lo implora.

Retornará esa esperanza hoy perdida
en el oscuro hueco de la vida
y nuevamente será la alegría
la que llene de amor otro nuevo día

y sin dejar que esa existencia abatida
se encuentre abierta una nueva herida
ni aquel solitario corazón que huía
cuando apenas el sol amanecía.

Más todo vuelve a ese triste destino
que siempre lleva sólo a la tristeza
y a ese dolor de sobras conocido

que ya jamás abandona el camino
donde la alegría siempre empieza
aunque sea en un horizonte perdido.

Y esperar que la esperanza sea
ese refugio que tanto desea
donde siempre amanece aquella vida
que alguna vez se dio por perdida;

porque aquel amor que ahora ya alborea
apenas si todavía recrea
esa existencia que buscó en la huida
una alegría hoy ensombrecida.

Ahora queda este dolor creciente,
una triste existencia desolada
que siempre llega a un corazón herido

y nunca encuentra aunque sea de repente
esa alegría que ahora está callada
ni aquel placer que hoy está ya huido.

A veces la esperanza aún alborea
y persigue lo que tanto desea
pero se encuentra ante una triste vida,
desengañada y ahora casi perdida;

pero que todavía se recrea
en perseguir que al fin otra idea
no se vea de nuevo recluida,
siempre errante y algún día derruida

a pesar de que un triste destino
en el que todavía espera agazapado
ese dolor hiriente de la huida

que desesperada busca ese camino
por el que aunque ahora ya casi agotado
encuentre al fin una digna salida.

Se parece la esperanza a la vida
pues las dos buscan su digna salida
por la que ese amor hoy tembloroso
encuentre al fin su feliz reposo

en el que no quepa una nueva huida
ni dé tampoco ya por concluida
esa alegría hoy casi perdida
en un lugar triste y misterioso.

Hoy es hora de que esa alegría
que ahora parece estar siempre ausente
devuelva con su sola presencia,

una vez llegado al fin ese día,
ese amor que siempre está presente
para así curar cualquier triste dolencia.

Si la esperanza se pierde algún día
que no se lleve también la alegría
y que vuelva de nuevo pero no afligida
para pesar de esta tan triste vida;

y que aquel amor que solitario huía
sea el lecho en el que se acogía
aquella existencia hoy casi perdida
que sólo buscaba el camino de la huida.

Hoy el vivir se retorna temblorosa
porque no encuentra aquel amor ansiado
que un día huyó pronto por la mañana

y sólo dejó como cualquier cosa
ese recuerdo ahora de sobras cansado
y entregado a una maldita desgana.

Ya sólo queda ese amor perdido
que dejó para siempre abatido
un corazón que solitario llora
esa vida que ríe y enamora;

o esa esperanza que solitaria ha huido
hasta un lugar lejano y ya perdido
donde la vida solamente implora
esa esperanza hoy acogedora.

Poco a poco se va apagando el día
y sólo queda una tarde ensombrecida
con ese dolor que viene de antaño

y al que nunca podrá la alegría
devolver hasta una nueva vida
que poco a poco salga de su engaño.

Huyó la esperanza triste y apenada
al ver que su presencia no servía de nada
y que el mismo rumbo seguía esa vida
a pesar de encontrarse ya casi perdida;

poco a poco llegó desengañada
esa existencia que quedó aparcada
en el lugar al que le llevó esa huida
Que siempre parecía estar escondida.

Es hora de que ese amor olvidado
sosiegue un corazón que no conoce la alegría
porque siempre llega con algo de tardanza

y tiene que dar ya por terminado
ese resplandor que con su simpatía
aleja de por vida toda añoranza.

Es la vida un cristal transparente
en el que el amor está siempre ausente
cuando sin querer huye la vida
y la esperanza regresa de su huida

para recuperar esa caricia ardiente
que busca aquel calor que la caliente
en esta existencia ya casi perdida
pero que nunca se da por abatida.

Es hora de esperar que el nuevo día
ahuyente ese dolor que triste avanza
por un camino que aún está lejano

en donde se perdió toda alegría
en un ese lugar que ya nunca alcanza
aquel placer que ayer era aún cercano.

A veces la esperanza se escapa
como ladrón debajo de su capa
y huye ese amor que escondido
solamente busca sentirse acogido;

pero llega ese dolor que siempre atrapa
aquella vida que casi nunca escapa
y sólo queda este corazón herido
que ya se da tristemente por perdido.

Habrá que esperar que el nuevo día
no traiga nunca más aquella huida
donde se refugió ese placer fiero

para secuestrar hasta la alegría
que hace un tiempo llenaba esa vida
hoy cárcel de dolor con puerta de acero.

Retorna la esperanza de un camino
que nunca la llevó al mejor destino
por eso busca ahora desesperada
otra senda suave como una almohada;

pero al final se fue por donde vino
mas sólo encontró una flor de espino
y ahora aguarda que una nueva albada
no la deje por siempre abandonada.

Queda esperar que una clara mañana
retorne aquel amor hoy ya perdido
y así recuperar el sentido de la vida

que se marchó llena de desgana
hasta encontrar ahora triste y desvalido
aquel placer que ahora está escondido.

Hay días que la esperanza aguarda
la llegada de ese amor que siempre tarda
pero la espera se prolonga días
igual que pasa siempre con las alegrías;

porque la vida siempre se resguarda
en ese amor que celoso todavía guarda
aquellas hermosas flores de ambrosías
y al que nunca con sosiego acudías.

Hoy es hora de que esa triste espera
transforme al fin en placer y nuevo gozo
el dolor de aquella amarga herida

y nuevamente llegue otra primavera
que haga salir de su profundo pozo
ese placer que al fin colma la vida.

Busca la esperanza una salida
para ese amor que persigue su huida
pero sólo encuentra una noche oscura
que siempre la lleva a la cruel tortura

de un triste mundo en el que la vida
se ha de encontrar solitaria y perdida
sin la presencia de una criatura
que llegue llena de feliz ventura.

Sólo queda esperar que algún día
regrese esa ilusión casi olvidada
esta existencia triste y aburrida

donde no tiene sitio la alegría
y sólo queda felizmente llegada
aquella paz que se hallaba perdida.

Te fuiste, la dejaste desvalida
y empezó ese doler sin retroceso,
esa pena amante sin más proceso
que saberse sin ti ya siempre herida

pues así la dejó mi amor tu huida.
Queda la esperanza de tu dulce regreso
y liberarla al fin de ese hondo peso
que no sujeta ya ninguna brida.

Todo vuelve al dolor de esa atadura
que no pudo romper cuando marchaste
y que está junto a ella siempre al acecho

esperando alumbrar esa ventura
que siempre dio el amor que le mostraste
y hoy es sólo el calor vacío de tu lecho.

Si alguien dijera que la esperanza un día
ofreciera al fin esa maldita huida.
todo sería un bendito sueño
que jamás tiene en su camino un dueño;

pero también huyó esa alegría
que en sus brazos tenía la vida
y siempre pasaba como un triste sueño
donde no cabía ya ningún ensueño

que por fin trajera una mañana
aquel amor ya casi olvidado
para convertirse en una tortura

en la que sólo reina la desgana
y ese placer hoy casi abandonado
al que sólo alumbra otra noche oscura.

Hay veces que la esperanza aguarda
la llegada de ese amor que tarda
pero la espera prolonga el día
sin dejar espacio para la alegría;

porque la existencia siempre se resguarda
de aquel querer que en su pecho aún guarda
esa existencia que siempre se abría
a una vida donde la agonía

ya no tenía ninguna cabida
para aquel dolor que insistente buscaba
encontrar por fin un camino

que lo llevara a una nueva vida
donde esa alegría siempre encontraba
lo alejara de aquel triste destino.

En esta larga y anhelante vida
la esperanza ya no tiene cabida
y sólo aguarda que otro amor cuitoso
ponga ya fin a este tan amargo acoso;

pero la realidad tan sólo se cuida
de no dejar que esa existencia perdida
se lleve por delante el dulce reposo
y sólo quede un placer temeroso.

Es hora de que otra vez la alegría
leje para siempre esa tristeza
que sin reparo maltrataba el alma

y se vaya con el nuevo día
el peso de una inmensa pereza
donde sólo altera el ritmo de la calma.

Ahora que la temprana esperanza ha huido
habrá que pensar que tan sólo el olvido
curará este corazón que cada día
se empeña en buscar esa alegría

que hace ya tiempo se había perdido
pero aún buscaba ahora un poco abatido
que alguien la puerta un día abriría
para poner fin a aquella agonía

en la que cayó con gran desventura,
en medio de una enorme tristeza
aquel amor que siempre se desploma

cuando contempla que ya no hay ventura
porque la vida casi siempre empieza
en aquel lugar escondido tras la loma.

Emprendió la esperanza su huida
para alejarse así de esta triste vida
y tan sólo busca triste y derrotada
una nueva alegría que no sea prestada;

pero el amor no siempre convida
a alcanzar aunque esté ya perdida
esa existencia que hoy casi desolada
a la que el placer dejó abandonada,

sin que llegue jamás esa alegría
para serenar un corazón herido
que sólo quiere encontrar su sosiego

y esperar que por fin algún día
regrese aquel amor hoy ya perdido
entre las ramas de ese hermoso espliego.

Hay veces que la esperanza aún guarda
la llegada de un amor que siempre tarda
pero la espera se prolonga días
igual que siempre pasa con las alegrías;

porque la vida a posta se retarda
mientras siempre el jardinero aún guarda
que esas hermosas flores de ambrosías
sean el refugio donde siempre acudías.

Hoy para siempre aguarda la vida
que esa tristeza de la desventura
encuentre ya por fin su feliz destino

en el que nunca sea ya la huida
el único bien que la existencia procura
al final de aquel penoso camino.

Si ahora que la esperanza temprana ha huido
habrá que pensar que tan sólo el olvido
será el refugio donde la alegría
vuelva otra vez con el nuevo día;

pero sólo queda un recuerdo ya perdido,
un corazón triste y muy malherido
que aún buscaba ya cuando amanecía
un nuevo amor que amoroso ofrecía

ese reposo tranquilo y sereno
donde para siempre encuentre en la vida
esa felicidad que hoy parece ausente;

pero aún espera que el calor del heno
traiga al fin esa alegría perdida
y con ella un amor siempre presente.

Emprendió la esperanza su huida
para alejarse de esta triste vida
pero ahora busca rota y desolada
una nueva existencia aunque sea prestada

y en donde la alegría está perdida
por el dolor de esa profunda herida
a la que no sanará otra nueva albada
ni aquella voz que hoy está silenciada.

Es hora de esperar que ese amor ya huido
regrese nuevamente lleno de alegría
para llenar esta existencia perdida

en la sólo queda ese triste olvido
que todavía esperanzado desafía
a esa triste existencia y a su huida.

De dolor se llenó aquel triste día
en el que antes todo era alegría
aunque la esperanza era un bien lejano
y el amor nunca estaba a la mano;

ahora de nuevo el placer huía
hasta un lugar donde se perdía
el dulce recuerdo de aquel verano
que ahora la vida recordaba en vano.

hoy la existencia parece perdida
en aquel lejano y oscuro canino
donde el amanecer se muestra tardío

y sólo deja triste y aburrida
aquella senda hacia un nuevo destino
en el que jamás el alma tenga frío.

Con el amanecer llega el nuevo día
que traerá esa esperanza que abría
esa puerta que ahora estaba cerrada
a aquella vida hoy ya casi olvidada;

mientras el sol perezoso amanecía
en una existencia que siempre perdía
el calor de una nueva albada
que hoy se sentía triste y agotada

porque la existencia no hallaba el camino
para una nueva vida que ya sin desgana
trajera por fin aquella alegría

de encontrar por fin un feliz destino
con el que alegrar ya cada mañana
y aquel amor que tan a menudo huía.

Invoca la esperanza la República
sin cansancio ahora a ello se aplica
esperando que llegue al fin el día
en que amanezca ella cargada de alegría

por más que la monarquía replica
que será ella la que clave su pica.
Aún todo sigue con la que ya había
aunque nunca sea lo que una querría;

pero pronto llegará otra gente,
con decisión y ya sin cobardía,
que consiga más pronto que tarde

hacer triunfar y de manera urgente
otra forma de estado llena de alegría
aunque su llegada un poco se retarde.

Índice

Esta obra
se acabó de imprimir
con los auspicios de
Charo Fierro y
Antonio J. Huerga, editores

FINIS CORONAT OPUS